重庆市思政课教师择优资助项目《高职院校涉农专业思政课"红绿融合式"教学模式研究》主持人：丁翠娟

重庆市职业教育教学改革研究项目《基于"P-BOPPPS-P模型的高职思政课混合式教学改革与实践—以《思想道德与法治》课程为例"》，编号：GZ223106 主持人：丁翠娟

思想政治研究文库

"思想道德与法治"
教学融入本土资源的思考

丁翠娟

姜荣◎主编

光明日报出版社

图书在版编目（CIP）数据

"思想道德与法治"教学融入本土资源的思考／丁
翠娟，姜荣主编 . -- 北京：光明日报出版社，2024.8.
ISBN 978-7-5194-8213-8

Ⅰ. D432.62

中国国家版本馆 CIP 数据核字第 2024FV0124 号

"思想道德与法治"教学融入本土资源的思考
"SIXIANG DAODE YU FAZHI" JIAOXUE RONGRU BENTU ZIYUAN DE
SIKAO

主　　编：丁翠娟　姜　荣	
责任编辑：许　怡	责任校对：张　丽　李佳莹
封面设计：中联华文	责任印制：曹　净

出版发行：光明日报出版社

地　　址：北京市西城区永安路 106 号，100050

电　　话：010-63169890（咨询），010-63131930（邮购）

传　　真：010-63131930

网　　址：http://book.gmw.cn

E - mail：gmrbcbs@gmw.cn

法律顾问：北京市兰台律师事务所龚柳方律师

印　　刷：三河市华东印刷有限公司

装　　订：三河市华东印刷有限公司

本书如有破损、缺页、装订错误，请与本社联系调换，电话：010-63131930

开　　本：170mm×240mm	
字　　数：260 千字	印　　张：14.5
版　　次：2024 年 8 月第 1 版	印　　次：2024 年 8 月第 1 次印刷
书　　号：ISBN 978-7-5194-8213-8	

定　　价：89.00 元

编委会

前　言

　　"思想道德与法治"作为高校公共基础必修课，是一门融思想性、政治性、科学性、理论性、实践性于一体的思想政治理论课。在大学生的成长过程中，开展马克思主义的人生观、价值观、道德观、法治观教育，帮助大学生提升思想道德素质和法治素养，自觉将个人理想融入社会理想，成长为担当民族复兴大任的时代新人。为深入贯彻习近平总书记在学校思想政治理论课教师座谈会上的重要讲话精神和党的二十大精神，进一步推动思想政治理论课改革创新，落实立德树人根本任务，我们以重庆市为例，深入挖掘重庆本土资源，并将本土资源融入思想道德与法治（2023 年版）教学，特意编写了《"思想道德与法治"教学融入本土资源的思考》一书。

　　本书以思想道德与法治（2023 年版）教材内容为依据，将重庆本土资源分为 6 篇进行融入，即红岩精神、三峡移民精神、脱贫攻坚楷模案例、重庆感动人物、最美巴渝工匠、重庆好人。笔者分别进行了详细的教学融入思考。每个篇目的案例都由四部分构成：第一部分阅案例，通过文字叙述让读者更深层次了解案例。第二部分析案例，对案例进行深入剖析，梳理案例的核心要义及育人价值。第三部分融教学，将案例与教材相融合，并根据具体的教材知识点给出教学融入建议。第四部分拓思考，结合案例提出思考题，帮助读者进行延伸思考，旨在实现由"知"到"行"的升华。

　　本书选取的案例资源源于社会现实，让本土资源"活起来"，内容充实，内涵丰富，可读性强，力求让读者在流畅的阅读中领会深刻的道理。希望帮助广大思想政治理论课教师应用于思想道德与法治教学，进一步提升教学的针对性、实效性、感染力和吸引力，进而帮助学生树立正确的世界观、人生观、价值观，促进学生为实现中华民族伟大复兴献出自己的青春力量。

　　本书案例均引自公开发表物，有版权问题请与本书编委会联系。

编　者

2023 年 8 月

目　录
CONTENTS

第一篇　红岩精神融入思考

教学案例一　江竹筠：绽放在红岩的傲雪红梅

【阅案例】

重庆歌乐山革命烈士陵园原是国民党军统局设立的"白公馆""渣滓洞"两座集中营的旧址。抗日战争和解放战争时期，一大批共产党人和革命志士在此面对敌人的酷刑和屠刀，始终对党忠诚，宁死不屈，顽强斗争，谱写了壮烈的英雄诗篇。

江竹筠就是其中的杰出代表。

1939年夏天，江竹筠秘密加入中国共产党。

入党后，江竹筠决定把自己的一切都献给党。她团结进步学生，秘密开展党的工作，扎根、隐蔽于群众之中，很快就成长为一名优秀的地下工作者。

1943年，因地下工作需要，江竹筠接受党的指派和彭咏梧假扮夫妻。在革命工作中，两人逐渐建立起深厚的感情，于1945年结婚。

此后，江竹筠协助彭咏梧工作，负责处理党内事务和内外联络工作，并以川东临时委员会及下川东地委联络员的身份，随丈夫一起奔赴川东武装斗争第一线。

1948年1月，彭咏梧在组织武装暴动时不幸牺牲。为了安全，党组织劝江竹筠留在重庆。但江竹筠强忍悲痛，毅然接替丈夫的工作，她说："这条线的关系只有我熟悉，我应该在老彭倒下的地方继续战斗。"

6月14日，由于叛徒出卖，江竹筠不幸被捕，被关押在渣滓洞监狱。

西南特务头子徐远举得知江竹筠是彭咏梧的妻子和助手后，专门审讯江竹筠，妄图从她的身上打开暴动地区和万县（现重庆市万州区）乡村组织的缺口。

江竹筠对徐远举的审问一概答以"不认识""不知道"，随后干脆不予回答。徐远举遂下令当班的刽子手把竹筷子拿来，用力夹她的手指。

江竹筠晕厥后，刽子手又用凉水浇醒她，继续施刑。徐远举见她不肯透露一点消息，便下令加刑，可依旧毫无收获。

过了几天，徐远举又令二处法官张界和二处侦讯组组长陆坚如审讯江竹筠。他们施行更加残酷的刑法，江竹筠晕厥过去，又醒过来……

在狱中，江竹筠虽被折磨得人都变了形，但她始终牢记入党时的誓言和党的教育，下定决心，要誓死保护党的组织。

"你们可以打断我的手，砍我的头，要组织是没有的。"

"毒刑拷打，那是太小的考验。竹签子是竹子做的，共产党员的意志是钢铁！"

……

在老虎凳、辣椒水等酷刑面前，江竹筠始终坚贞不屈，她用对党的绝对忠诚保卫了党的地下组织和大批同志。

江竹筠在狱中的斗争经历大大激励了整个渣滓洞监狱的难友，大家的革命意志因此变得更加坚定。

1949年1月17日，是彭咏梧牺牲周年纪念日，渣滓洞各囚室的狱友们采用各种形式对江竹筠表示了慰问。作为回报，她起草了一份讨论大纲，内容分为三部分：被捕前的总结、被捕后的案情应付、狱中的学习。这对提高狱中同志的斗争意志和思想认识起到很大的作用，也成为日后"狱中八条"形成的基础。

1949年11月14日，在重庆解放前夕，江竹筠被杀害于歌乐山电台岚垭刑场，为共产主义理想献出了年仅29岁的生命。

江竹筠虽然牺牲了，但她和革命烈士们留下的精神却在烈火中得到永生。

——资料来源：边际. 伟大建党精神的重庆传承｜⑥"共产党员的意志是钢铁"［EB/OL］. 七一客户端，2021-08-11.

【析案例】

江竹筠是一位坚定的革命斗士，将生死置之度外，她永远将集体利益和他人利益放在首位。面对敌人惨无人道的酷刑和死亡威胁，江竹筠始终坚贞不屈，正气凛然。她敢于斗争、无私奉献的精神值得每一位中国人学习，值得每一个中国人尊敬。她就像红岩上傲立雪中的红梅一样，在中国的革命史上永放光彩。还有无数像江竹筠一样的烈士，将党的事业和人民利益作为毕生追求，用鲜血和生命铸成了永不褪色的精神丰碑，为后人留下了宝贵的精神财富。

引导学生从江竹筠烈士的案例中汲取力量，对增强学生的信仰、信念、信心，帮助学生坚定"两个确立"，增强"四个自信"，成长为勇担中华民族复兴重任的新时代青年具有重要的意义。

【融教学】

江竹筠的案例可以融入教材第二章第一节"理想信念提供精神支柱"。通过江竹筠的案例，引导学生认识：一个人如果没有理想信念的支撑，精神世界就如同无根之木、无基之塔，理想信念能够在人们遭遇挫折、经受考验的时候，提供一种强大的精神力量，使人不为困难所压倒。就像江竹筠烈士一样，"你们可以打断我的手，砍我的头，要组织是没有的"。"毒刑拷打，那是太小的考验。竹签子是竹子做的，共产党员的意志是钢铁！"面对生死考验时，江竹筠始终视死如归，因为她心中有一种坚定的理想信念做支撑。

当今时代，大学生也许不用经受像江竹筠一样的血与火的考验，但其他考验仍无处不在。一个人如果没有坚定的理想信念，就会在乱云飞渡的复杂环境中迷失方向，就会在泰山压顶的巨大压力下退缩逃避，在糖衣炮弹的轮番轰炸下缴械投降。引导学生只有像江竹筠烈士一样铸牢理想信念之魂，才能经受住各种考验，实现人生价值。

江竹筠的案例还可融入第三章第一节中的"中国共产党人的精神谱系"，用此案例深入说明在中国共产党百余年的非凡奋斗历程中，涌现出了一大批视死如归的革命烈士、一大批顽强奋斗的英雄人物、一大批忘我奉献的先进模范，构筑起了中国共产党人的精神谱系。其中就包括以江竹筠为代表的红岩先烈，他们有刚柔相济，锲而不舍的政治智慧；有"出淤泥不染，同流不合污"的政治品格；有以诚相待，团结多数的宽广胸怀；有善处逆境，临难不苟的英雄气概，充分体现了老一辈无产阶级革命家、共产党人和革命志士的崇高思想境界、坚定理想信念、巨大人格力量和浩然革命正气，形成了光耀千秋的红岩精神。

【拓思考】

1. 请学生利用假期参观位于重庆歌乐山的白公馆、渣滓洞，通过参观考察后，谈一谈作为新时代的大学生应如何坚定理想信念？

2. 结合此案例思考，为什么理想信念是精神之"钙"？

教学案例二　红岩烈士王朴"家书"：你的幸福就是我的幸福

【阅案例】

王朴（1921—1949），中共党员，重庆江北县（今重庆市渝北区）人。1944年王朴就读于复旦大学，在校期间积极参加党领导的《中国学生导报》的工作，由此走上革命道路。他先后创办了莲华小学、莲华中学等。1946年，他加入中国共产党。1947年，他担任中共重庆北区工委委员，负责宣传和统战工作。他还动员母亲变卖了家中田产，将这笔钱作为党的活动经费，并根据党的指示，在重庆组建开设南华贸易公司。1948年4月，王朴被捕，关押于白公馆监狱。1949年10月28日，王朴被枪杀于大坪（今属重庆市渝中区），时年28岁。

王朴从狱中托人带给母亲金永华和妻子褚群的"家书"是两封口信。他嘱咐自己的母亲要"永远跟着学校走"，要"继续支持学校"的发展，这所学校正是莲华中学，并要求自己的母亲永远跟党走。

王朴告诉妻子"莫要悲伤，有泪莫轻弹"，希望她再去找到属于自己的幸福，因为"你的幸福就是我的幸福"。口信中，王朴给儿子取名为"王继志"，期望儿子继承自己的革命意志。

1949年，王朴被公开枪杀于重庆的大坪刑场。金永华从报纸上知道了儿子被处决的消息，她手拿着报纸，一个人在儿子的办公室里静静地坐着。晚年丧子，金永华怎能不悲痛？但是她理解儿子，支持儿子。作为一个深明大义的母亲，她深知，忠诚是一个人最高尚的品质。儿子是一名中共党员，他的忠诚更是对党、国家和人民的责任与担当。

手捧着烈士荣誉证书，看着儿子的遗像，金永华思绪万千，流出了热泪，说了这样一段话："我出生于1900年，经历了许多历史性演变。从创建莲华学校开始到迎来解放，我无时不受到党的关怀、鼓励。特别是我儿子王朴，是他引导我跟党走，是他用鲜血和生命让我认识共产党、了解共产党。王朴不仅是我的儿子，更是我人生道路上的导师。"

王朴的儿子王继志大学毕业后在江苏南京一家科研单位从事技术工作，成为一位对国家科学技术发展有贡献的专家。他曾说："父亲的一生给我最大的启示是，在金钱与理想的天平上以何为重？钱，只能为人服务，人不能为钱服务，这是一个基本的道理。"

——资料来源：厉华，王娟，张菜. 红岩烈士王朴"家书"：你的幸福就是我的幸福［EB/OL］. 七一客户端，2022-08-29.

【析案例】

王朴是红岩英烈的代表性人物，1921年生于重庆一户富商家庭，学生时代曾就读于重庆市广益中学新制初中（广益中学校前身）。在艰苦卓绝的革命年代，他长期负责宣传统战工作，先后吸纳700多人加入中国共产党。为支持革命事业，他不惜动员母亲变卖家中田产换得千两黄金，全部交给党组织作为活动经费。1948年4月，王朴因叛徒出卖被捕，关押于白公馆监狱，但他以坚强的意志"永远跟党走"，并要求他的母亲也永远跟党走。他坚强的革命意志，牺牲小我成全大我的革命精神值得永久传续。

【融教学】

王朴烈士的案例可融入第一章第三节第三目"成就出彩人生"。引导学生将个人小我融入祖国的大我、人民的大我之中，做到与历史同向、与祖国同行、与人民同在，才能更好地实现人生价值、升华人生境界。王朴为支持革命事业，他不惜变卖家中田产换得千两黄金，全部交给党组织作为活动经费，在面对牺牲的考验下，他依然保持对党的忠诚，体现着对国家和人民的责任与担当。是值得青年学生学习的"正确人生观"。

此案例还可以融入第一章第三节第二目"反对错误人生观"，王朴烈士本来有较殷实的家境，但他并没有沉迷享乐，而是加入中国共产党为党的事业而奋斗。他也没有陷入拜金主义的泥潭，沦为金钱的奴隶，而是将自家的田产变卖，全部拿来支持党的革命事业，彰显了高尚的人生目标，也成就了他至高的人生价值，他的事迹必将被永久传续。引导青年大学生向王朴烈士看齐，树立正确的人生观，反对错误的人生观。

【拓思考】

1. 作为新时代的青年大学生，如何将个人小我融入社会的大我之中呢？具体应该如何做呢？

2. 什么样的人生才是值得追求的？

教学案例三 红岩烈士黄楠材：为国读书，为国扛枪

【阅案例】

黄楠材（1907—1949），中共党员，重庆云阳人，私立武昌中华大学毕业。1928 年在万县（今重庆市万州区）女子师范学校、云阳中学等校任教，利用教师身份从事革命宣传活动。1937 年加入中国共产党。1944 年在开县（今重庆市开州区）开设云开书店，以此作为地下党联络点，出售进步书刊，秘密销售报刊《新华日报》《群众》。1949 年被捕，关押于渣滓洞监狱，同年 11 月 14 日牺牲于歌乐山电台岚垭（现位于重庆市沙坪坝区），时年 42 岁。

什么是家国大义？什么是共产党人的朴素家风？什么是革命者的爱情？黄楠材这两封短短的家书，以最朴实的文字为我们做了最好的诠释。

川东行政公署（中华人民共和国成立初期建立的四川地区省级政权机关）1951 年 10 月 27 日给黄楠材同志的结论是"意志坚定，临死不屈"的革命烈士。作为普通人，黄楠材深爱着妻子李世荣，对妻子细心关切，温柔体贴，希望妻子一定要"坚强地活下去"，怕妻子担心，还说自己在狱中"一切起居饮食与家中并无多大差异。见面的朋友都很慈善和蔼，得着善良的待遇，一切均好，请你和一切亲友均勿挂念"。他牵挂自己的孩子，对孩子严管厚爱，嘱托妻子"好好抚育孩子"，期望孩子志存高远，能踏着父母的足迹"为国读书，为国扛枪"。

作为革命者，黄楠材希望妻子"完成未竟事业；保守党的机密；尽己所有支援组织；保护帮助同志；办好书店，交给人民政府；为国工作，还要代我做一份……"从黄楠材给妻子的任务中不难看出，妻子是可以信赖的、支持自己革命的伴侣。志同道合、情投意合，是黄楠材与妻子爱情的真实写照。

谈到爱情，人们有很多比喻。但在那峥嵘岁月里，它不是花前月下脆弱的浪漫，更不是感情冲动时轻许的诺言，它需要伴侣用一生的付出来承载。有记者采访李世荣老人时，老人爽朗大笑："楠材要我代他做爷爷，所以孙子叫我爷爷……"从这句话里，我们不难感受到这段印刻着"革命"二字的爱情在她心中的分量。

——资料来源：厉华，王娟，张菓. 红岩烈士黄楠材：为国读书，为国扛枪[EB/OL]. 七一客户端，2022-06-02.

【析案例】

黄楠材在信中嘱托妻子"好好抚育孩子"，期望孩子志存高远，能踏着父母的足迹"为国读书，为国扛枪"，这体现了黄楠材作为共产党人朴素的家风。而"为国读书，为国扛枪"既是黄楠材自身的真实写照，又是他精忠报国的爱国情怀的真实体现。通过黄楠材在信中交代给妻子的任务中可以看出，革命年代时的爱情是多么纯真可贵，爱一个人不是说一句话，是信守一辈子的承诺，是在生离死别时的信任，是用一生去践行伴侣的嘱托，这才是真正的革命爱情。

【融教学】

黄楠材"为国读书，为国扛枪"体现了中国人最深沉、最持久的情感——爱国，此案例可用于第四章第一节第二目"社会主义核心价值观的基本内容"中"爱国"的阐释。引导学生践行社会主义核心价值观倡导的爱国，不断增强做中国人的骨气和志气，不断将个人梦想融入国家梦想，把我们的国家建设好，把我们的民族发展好。

此案例还可以用于第五章第三节第三目"弘扬家庭美德"，注重家教、家风。家庭教育是多方面的，最重要的是品德教育，是如何做人的教育。黄楠材希望儿子"为国读书，为国扛枪"，是把美好的道德观念、理想信念传递给孩子，引导孩子做一个爱国的人，而黄楠材也为了革命而牺牲，为孩子做了最好的榜样，这就是最好的家教、家风。同时，黄楠材与妻子的革命爱情，也可用于引导学生树立正确的恋爱观和婚姻观。

【拓思考】

1. 作为新时代的青年大学生，如何将社会主义核心价值观内化于心，外化于行？

2. 古人言："爱子，教子以义方"，请结合黄楠材在信中嘱托儿子"为国读书，为国扛枪"，谈谈对这句话的理解。

教学案例四　红岩烈士刘国鋕：赤子之心　死而无愧

【阅案例】

他是《红岩》小说中刘思扬的人物原型；他出身豪门，却怀着赤子之心投身革命；他高吟《就义诗》在白公馆英勇就义，年仅 28 岁。他，是刘国鋕。

刘国鋕，四川泸州人，1921 年出生于当地名门望族，排行第七，是大家庭中倍受娇宠的幺儿。1939 年高中毕业后就读于西南联合大学经济系，1940 年在学校加入中国共产党。

1942 年，刘国鋕从昆明到重庆找党组织，被介绍给中共南方局青年组的刘光，从此他就在中共南方局的领导下，以四川省银行经济研究所资料室工作人员的公开职业作掩护开展工作。1945 年加入民盟后，他积极参加并组织青年抗日民主活动。

1947 年 2 月 28 日，《新华日报》被迫撤退后，刘国鋕大力协助《挺进报》的出版发行。同年 6 月 1 日，国民党在成渝两地进行大逮捕，仅重庆一夜之间就逮捕爱国民主人士、进步教授、学生、记者 200 余人，刘国鋕终日奔走，成立"六一事件后援会"及共产党外围组织"六一社"，领导抗暴游行、营救"六一"大逮捕被捕师生。不久中共重庆市委决定成立沙磁区学运特支，他任书记。

1948 年 4 月，由于叛徒出卖，刘国鋕不幸被捕。国民党重庆行辕二处处长徐远举欣喜若狂，他认为这个细皮嫩肉、文质彬彬的少爷，不可能是真共产党员，只不过是青年人图个新鲜。然而在酷刑面前，刘国鋕没有屈服。他牙关紧咬，大汗淋漓，一言不发，弄得敌人无法审讯，只得将他带上脚镣，投入监狱。

刘国鋕的家庭在四川有权有势，当刘国鋕被捕后，刘家通过各种途径进行营救，并从中国香港请回刘国鋕的五哥刘国錤，他是国民党四川省建设厅厅长何北衡的女婿。

刘国錤第一次来，在丰厚的利诱下徐远举同意放人，但提出：刘国鋕必须在报纸上发表声明退出中共组织。刘国鋕毫不犹豫地说："不行。我死了，有共产党，我等于没有死；如果出卖组织，我活着也没有什么意义。"

1949 年 7 月，人民解放军已越过长江向华南、西南进军，重庆也面临解放。五哥刘国錤再一次来到徐远举办公室为刘国鋕奔走。这一次，刘国錤送给徐远举的是空白支票，要多少钱自己填。

徐远举同意刘国鋕可以不声明退党，但要在刘国鋕替他写的悔过书上签字，才能将其释放。然而，刘国鋕仍十分坚定地表示：释放必须是无条件的。这样，第二次营救也失败了。

1949 年 11 月 27 日，刘国鋕在国民党特务的大屠杀中殉难，时年 28 岁。就义时，他怒斥特务："你们有今天，我们有明天！"同时大声高呼："社会主义一定胜利！革命一定成功！中国共产党万岁！"

泸州市委党研室副主任官燕说起这位满怀赤子之心的革命烈士十分感慨，为了更好地纪念刘国鋕，2019 年 5 月，她与同事特地前往重庆渣滓洞查阅珍贵资料，并亲自将其中的重要资料一一手抄回来存档。

刘国鋕的未婚妻曾紫霞曾撰文纪念刘国鋕，她回忆他们共同在狱中时，刘国鋕曾对她唱起俄罗斯歌曲《光荣牺牲》。"他的声音是那样深厚、高昂、动听，他的歌像是在向同志们宣誓：他决心同敌人作殊死的斗争，直到抛弃头颅。"曾紫霞写道。

——资料来源：袁秋岳.【英雄烈士谱】刘国鋕：赤子之心 死而无愧——记《红岩》英雄刘思扬原型［EB/OL］.新华网，2019-10-23.

【析案例】

刘国鋕本来家境优渥，但他选择加入中国共产党，为党的事业而终日奔走。刘国鋕不幸被捕后，本来可以借助家庭权势解除牢狱之灾，但他不甘出卖组织，在酷刑面前，绝不屈服，忠于自己的政治信仰，绝不玷污党的荣誉；他履行自己的政治誓言，为革命献身，死而无愧。在他心目中，党的理想、党的荣誉至高无上。刘国鋕的精神展示出了革命前辈在艰苦卓绝的革命斗争中体现出的革命道德和优良传统，为我们今天战胜各种困难和风险、不断夺取新胜利提供了强大的精神力量。

【融教学】

此案例可以用于第五章第二节第二目"发扬中国革命道德"。刘国鋕没有选择出卖组织，而是以"我死了，有共产党，我等于没有死；如果出卖组织，我活着也没有什么意义""社会主义一定胜利！革命一定成功！中国共产党万岁！"他斩钉截铁地展示对党的忠诚，体现了中国革命道德中爱党、爱国、讲理想的重要内容，可引导学生理解中国革命道德的主要内容和重要意义。中国革命道德是我国社会主义取得举世瞩目成绩的一个重要原因，正是因为有刘国铤等人前仆后继地奔走呼号，才有我们今天幸福安康的生活。

此案例也可用于第二章第二节第一目"增强对马克思主义、共产主义的信仰"，刘国铤本来有生的机会，但他选择了心中的信仰，为今天新时代青年在面对各种重大困难和严峻挑战时提供了信仰的力量。引导新时代青年肩负使命、坚定信仰，为实现中华民族伟大复兴的中国梦而接续奋斗。

【拓思考】

1. 请以小组为单位，讨论一下中国革命道德的当代价值是什么？

2. 实现中华民族伟大复兴需要一代一代青年矢志奋斗，你准备怎么做呢？

教学案例五　许晓轩：共产党人是不可动摇的

【阅案例】

在重庆红岩魂陈列馆里，珍藏着一张属于国家一级文物的字条，这张字条上面写着4个字"宁关不屈"，字里行间透露出革命者的斗志和决心。

这张字条的书写者，就是小说《红岩》中许云峰、齐晓轩的原型——许晓轩。"宁关不屈"这4个字，是在怎样的情况下书写的？背后又有怎样的故事？2019年11月14日，重庆红岩联线文化发展管理中心文博副研究馆员王浩在接受《重庆日报》记者采访时，道出了其中的缘由。

深入一线　帮助基层党组织恢复活动

许晓轩，又名永安，1916年11月出生于江苏省江都县（今扬州市江都区）。少时因生活所迫中途辍学，到当地一钱庄当学徒。"9·18"事变后，他积极投身到抗日救亡的洪流中。1935年到无锡公益铁工厂当会计，组织"青年读书会"，参加抗日救亡组织"无锡学社"。卢沟桥事变后，许晓轩随公益铁工厂迁至重庆。1938年年初，经救国会负责人沙千里介绍，许晓轩结识了青年职业互助会的党团书记杨修范，并参加了互助会的活动。1938年5月，经杨修范介绍，许晓轩加入中国共产党，成为青年职业互助会的党团成员。

入党后，许晓轩先后在复兴铁厂、液体燃料管理委员会、中华职业教育社等处工作，还曾在沙坪坝开过青年书店，并以此类公开身份为掩护开展党的工作。

1938年8月，中共川东特委青委决定创办《青年生活》月刊，由许晓轩负责编辑和发行工作。每期稿件编好后，由他送到《新蜀报》或《商务日报》印刷厂排印。在编印刊物期间，许晓轩撰写了《寒衣运动在重庆》等多篇文章，现由重庆北碚图书馆收藏的《青年生活》中，几乎每期都有许晓轩的名字。

1939年春，许晓轩任中共川东特委青委委员、宣传部部长，1940年春调任中共重庆新市区区委委员。王浩介绍，许晓轩经常深入工厂、学校发动群众开展地下斗争。

拒绝亲人营救 帮助难友成功越狱

1940年4月，由于叛徒出卖，许晓轩被捕入狱，囚于重庆望龙门看守所。当时特务提出只要许晓轩在悔过书上签字，就可以释放他。许晓轩斩钉截铁地回答说："要枪毙请便，要我签字休想！"随后便被转囚至白公馆监狱。

在得知亲人正在设法营救自己时，许晓轩用铅笔在一张包香烟的薄纸上写上"宁关不屈"4个字托人捎出，以向党和亲人表达自己坚贞不屈的革命意志和斗争到底的决心。1941年10月，许晓轩又被转入贵州息烽集中营。

王浩介绍，国民党军统内部称重庆望龙门看守所为"小学"，白公馆为"中学"，息烽集中营为"大学"。短短一年多时间，许晓轩就被升到了"大学"。

在息烽集中营，国民党特务称牢房为斋房，按"忠孝仁爱、信义和平"命名。囚犯在监狱里不准用真实姓名，一律用号码来代替名字。

许晓轩先是被关在"信斋"，编号302，后与罗世文、车耀先等同囚于"忠斋"。狱中，他凭着对党的无限忠诚和机智勇敢，多次挫败敌人阴谋。许晓轩还协助罗世文等人成立了中共狱中秘密支部，作为支部核心成员，参与领导狱中斗争。

"许晓轩在狱中威信很高，难友们都尊敬他。"王浩说，每当危难的时候，许晓轩就鼓励大家："越是关键的时刻，我们越要叫敌人知道，共产党人是不可动摇的。"

1946年，息烽集中营撤销，许晓轩等72人又被转囚到重庆白公馆监狱。由于斗争的需要，在罗世文和车耀先被特务杀害后，许晓轩与谭沈明、韩子栋重新成立了中共狱中临时支部，许晓轩任支部书记。

为保存革命力量，经临时支部研究决定，组织难友瞅准时机越狱逃跑，能跑一个算一个，谁有机会谁先跑。许晓轩等人考虑到韩子栋当时在狱中为小卖部和伙食团干杂活，有机会逃走，于是让他做好一切准备。

韩子栋利用进出监狱的机会，画了一张道路、壕沟、岗哨等监狱四周环境的简图交给许晓轩，并将他在狱中积存的钱换成了现钞。随后，他们商量了越狱的具体办法。1947年8月18日，韩子栋利用上街买菜的机会机智逃脱，并历经艰辛到了延安。此后，许晓轩还曾和李子伯等筹划过集体越狱，因条件不成熟未能实现。

用生命和热血书写对共产党事业的坚定执着

一次，狱友宣灏在阅读传递《挺进报》白公馆版的纸条时，被看守长杨进兴当场抓住并严刑拷打，追问纸条上的消息是从哪里来？是谁写的？

紧急关头，许晓轩毅然挺身而出，承认纸条是他写的。敌人问他消息来源，许晓轩说是在杨进兴办公室里的报纸上看到的。之所以这么笃定，是因为许晓轩知道宣灏传递的消息，是秘密加入中国共产党的原东北军将领黄显声将军看报后传出的，当然能在杨进兴办公室里的报上找到。这事要是传出去，杨进兴也吃罪不起，只好不了了之。

敌人见硬的不行，便改用软的花招，许诺让许晓轩当会计，并诱以高额津贴。但他回答说："我对倒马桶、洗茅房很有兴趣。"又有一次，白公馆看守所所长丁敏之说："我们打算释放你，并介绍你去教书。"许晓轩却回答："先无条件放出去，再谈工作吧！"

在狱中，敌人曾要许晓轩保证不越狱逃跑，被他义正词严地拒绝了。面对敌人的严刑拷打、残酷折磨和威逼利诱，许晓轩始终大义凛然，坚强不屈。后来许晓轩被罚戴重镣，在烈日下做苦工，被关在终日不见阳光的地牢里。

1949年11月27日，杨进兴在牢门外大喊："许晓轩出来！"许晓轩知道自己为党献身的时刻到了，他从容不迫地走向刑场，敌人扣动扳机，许晓轩英勇就义，年仅33岁。

王浩表示，许晓轩用生命和热血书写了对党的事业的坚定执着。执着，就是英雄模范们都在党和人民最需要的地方冲锋陷阵、顽强拼搏，几十年如一日埋头苦干，为国为民奉献的志向坚定不移，对事业的坚守无怨无悔，为民族复兴拼搏奋斗的赤子之心始终不改。我们要学习许晓轩等革命先烈的坚定执着精神，对信念永不动摇，对目标永不放弃，对困难永不低头，为党和人民的事业做出贡献。

——资料来源：许晓轩：共产党人是不可动摇的［EB/OL］. 重庆日报，2019-11-15.

【析案例】

人的一生会面临许多选择，最难以抉择的，一定是生与死。然而许晓轩在面对数次机会可以"逃生"时，却选择了"宁关不屈"，最后从容不迫走向刑场，用生命和热血书写着对共产党事业的坚定执着。他的一生只度过了33年，但他的精神值得永续流传，他生命的意义并没有戛然而止，而是在历史长河中彰显其珍贵的人生价值。许晓轩的事迹应该被当代大学生所知晓，从而引导大学生在有限的生命里创造无限的人生价值。

【融教学】

此案例可融入第一章第三节第一目"辩证对待人生矛盾"中对于"正确看待生与死"的教学。生与死是贯穿人生始终的一对基本矛盾，如何认识、对待生与死，体现了一个人人生境界的高低，更直接影响着他的生活。用此案例激发学生的爱国情感，引导学生深刻认识：人的生命长度是有限的，但为人民服务、为社会贡献力量是无限的。进而引导学生明白，也许今天我们不用像许晓轩一样面对生死抉择，我们今天生活在和平安定的国度，我们更应珍爱生命、珍惜韶华，在服务人民、投身民族复兴伟大事业中发掘出生命潜能，努力给有限的生命赋予更无穷的人生意义。

此案例也可融入第二章第一节"理想信念的内涵及重要性"，引导学生从许晓轩用生命和热血书写对共产党事业的坚定执着中领悟信念的内涵及特征，树立崇高的理想信念。

【拓思考】

司马迁有言："人固有一死，或重于泰山，或轻于鸿毛"，请你结合这句话谈谈，在中华民族伟大复兴的今天，青年大学生应树立怎样的生死观？

教学案例六　红岩烈士韩子重家书：革命的道路是艰辛的

【阅案例】

韩子重（1922—1949），重庆长寿人。1937 年加入中华民族解放先锋队。1938 年加入中国共产党，曾任《太南日报》战地记者。1947 年到国民党四川省军管区任少校参谋，建立党支部，任支部书记，利用军官身份，开展"军运"工作。1949 年 1 月因叛徒出卖，韩子重被关押进重庆渣滓洞监狱。1949 年 11 月 27 日，韩子重在大屠杀中牺牲，时年 27 岁。

韩子重的两封家书，情真意切，一方面表达了他忧国忧民的情怀和对家人的牵挂，另一方面真实地再现了时局的混乱和狱中惨无人道的生活。

"以天下人为念"，这在革命烈士的身上表现得最为充分。韩子重希望父母明白，像自己这样因为革命而被捕坐牢的何止千万，意思是在这"天下兴亡、匹夫有责"的"治乱分合"时局中，总得有人去呼之、鼓之！杀身成仁、流血牺牲在所难免，没有什么可说的。

从家书中不难看出，尽管身陷囹圄，生还希望渺茫，但韩子重最担忧的不是个人生死，而是国家存亡和其他良善公民的生命。他告诉父亲："大势所趋，大人尚可向有关当局做有效之私人建议，以抢救许多良善公民（于）死神手也。"

狱中的韩子重一直牵挂着他的恋人，又觉得自己拖累了她，因此请求父母"愿善待之，祈在可能范围内，予以适当工作机会，儿身受也"。韩子重在给她的信中写道："革命的道路是艰辛的，坐牢流血是常事情，勿为我悲……"

韩子重牺牲在中华人民共和国已成立而重庆尚未解放之际。对父母，他没能尽孝；对恋人，他没能相伴到老；对生活，他没能更多享受家境优渥带来的幸福，但他实现了把自己"献给国家、民族、社会"的愿望，用生命践行了对信仰的追求。

英烈的价值，在于启迪后人。韩子重的家书和他的这些闪烁着思想光芒的文字，就是留给我们最宝贵的精神遗产。

——资料来源：厉华，王娟，张荣. 红岩烈士韩子重家书：革命的道路是艰辛的［EB/OL］. 七一客户端，2022-08-25.

【析案例】

通过韩子重的家书，能深刻感知他"以天下人为念"的爱国主义精神，他用生命书写了共产党人为了革命不怕牺牲的坚定信仰。在今天，中国共产党已走过一百多年的风雨兼程路，但无论走多远，都不能忘了来时的路，我们之所以有今天的幸福生活，离不开像韩子重一样的革命先辈们。红岩家书是英烈们的革命宣言，是留给后人的红色基因，需要新时代的青年传承发扬。

【融教学】

韩子重在家书中写道："大势所趋，大人尚可向有关当局做有效之私人建议，以抢救许多良善公民（于）死神手也。"韩子重自始至终关心的是国家命运和公民生命，体现着"天下兴亡，匹夫有责"的爱国精神。实现中华民族伟大复兴，我们需要更好地继承英烈遗志，赓续红色血脉，需要将这些精神品质转化为价值取向和力量源泉。

此案例可用于第三章第一节第三目"中国共产党是中国精神的忠实继承者和坚定弘扬者"，一百年来，在革命、建设、改革各个时期，涌现出了和韩子重一样的大批视死如归的革命烈士，形成了红岩精神、抗美援朝精神等伟大精神，共同构筑起了中国共产党人的精神谱系，展示了中国共产党人崇高的精神风范。

【拓思考】

伟大事业孕育伟大精神，伟大精神引领伟大事业。新时代，涌现出一大批忘我奉献的先进模范，请举例子，并说明体现了什么样的中国精神？

教学案例七　张露萍：用热血染红七月的石榴花

【阅案例】

"前程是天上的云霞！人生是海里的浪花！卿！莫愁徊，趁这黄金的时代，努力着你的前途，发出你灿烂的光华！"这是战斗在敌人心脏的党的英雄女儿张露萍16岁时写的一首短诗。

张露萍，幼名余家英，学名余硕卿，延安时期改名余慧琳、黎琳。张露萍是叶剑英为她在中共南方局军事组从事党的地下秘密工作时取的化名。她出生于1921年5月，四川崇庆县（今崇州市）人。1938年参加中国共产党，1939年11月由党派到重庆从事地下工作，是活跃在国民党军统局电讯总台的中共特支书记。她带领党支部成员源源不断为中共中央和南方局传递情报。1940年被捕，在狱中受尽酷刑并与敌人进行了英勇斗争。1945年7月14日，正值花样年华的张露萍殉难于贵州息烽快活岭。

国统区的革命青年

张露萍父亲余泽安是一位私塾先生，他富有民族意识，常以岳飞、文天祥、戚继光事迹教育女儿，希望她们长大后做有民族气节的人。1935年秋，张露萍由县立女中转到成都建国中学。在校期间，她深受具有进步思想的同学车崇英影响，并和车崇英及进步同学周玉斌、杨梦萍结为"四姐妹"。其间，车崇英的父亲、中共川西特委军委委员车耀先经常向她们介绍国内外形势，讲述八路军英勇抗日的故事，以及革命圣地延安的崭新气象，鼓励她们积极参加抗日救亡运动。张露萍受到教育引导，思想境界不断升华提高。

1937年7月，卢沟桥的枪声标志着全民族抗战的开始。在车耀先的影响下，张露萍参加了中华民族解放先锋队，承担了宣传、组织和交通工作。她参加了"星芒社"等救亡团体，在成都的工厂、学校、街头到处都有这个活泼、豪爽女学生的身影。张露萍不分白天黑夜地为抗日疾呼、为救亡奔走，时而办墙报、刷标语，时而指挥演唱、参加演出抗日话剧……如火如荼的抗日活动的洗礼与锤炼，使张露萍笃定献身民族解放事业的信念，产生了奔赴延安的强烈愿望。她曾在一张照片的背面写道："她有健全的身体，有高尚的理想！更有清白的身心，坚决的斗志！挺着胸膛，去应付未来的难关，压平路上的崎岖，碾碎前面的（艰）难，冲破人间的黑暗。"

革命圣地的"干一场"

1938 年 2 月，在成都后援会和车耀先的安排下，张露萍和 10 多个热血青年闯过国民党军警关卡的重重阻挠，来到渴望已久的延安。她改名黎琳，被分配到陕北公学集训，主要学习政治经济学、科学社会主义和哲学等课程。3 个月培训结束后，她又加入抗日军政大学学习。张露萍活泼开朗，待人热情，努力工作，被选为小组长。每逢学校集会或上大课时，张露萍身着红毛衣，落落大方地指挥大家引吭高歌，潇洒泼辣的神态，给人们留下深刻的印象。她尤其喜欢指挥《拿起刀枪干一场》，唱了一遍又一遍，歌声整齐有力，时间长了，同学们都亲切地称她"干一场"。

张露萍在组织的关怀和培育下迅速成长，她写信告诉往日同学：在学习中我懂得了劳动的意义，懂得了人为什么活着。我非常愉快，我信心满怀。生活上艰苦一点，但艰苦能磨炼人的意志。在另一封信中说：延安是革命的大熔炉。在"抗大"，毛主席给我们上课。我们每天都学习，大殿，是我们的课堂；膝盖，是我们的写字台；吃的小米加窝窝头，顶好吃。张露萍在家书中附有在延安拍摄的照片，其中一张身着灰布军装，头戴红五星八角帽，腰扎皮带，脚穿草鞋，显露出八路军女战士的飒爽英姿。

1938 年 10 月 26 日，17 岁的张露萍成为一名中国共产党党员。她从抗大毕业后，转中央军委通讯学校学习无线电技术，之后调往中央组织部干部训练班，学习国内外政治形势、国统区斗争策略及工作方法等，不久被分配到延安文联做秘书工作。这期间，她同马列学院政治经济学研究室的陈宝琦（李清，新中国成立后曾任国家交通部部长）建立了感情并结为革命伴侣。1939 年秋，为了党和革命的需要，张露萍毅然接受派遣，告别了近两年的延安生活，告别了新婚不久的爱人，从成都赴重庆从事秘密工作，踏上了人生新的征程。

插入敌人心脏的一把利剑

1938 年武汉失守以后，整个抗战形势发生了很大变化。由于日本对国民党政府的政治诱降，国民党的政策转变为"消极抗日、积极反共"，并制造一系列反共"摩擦"事件。为了自卫，毛泽东提出了"人不犯我，我不犯人；人若犯我，我必犯人"的反摩擦斗争策略。为了贯彻中央的方针，适应当时的政治形势，亟待加强情报工作。1939 年 11 月，张露萍由成都到重庆，由南方局军事组和叶剑英领导，具体联系人为曾希圣和雷英夫。起初，组织上想通过她和川军师长余安民（张露萍姐夫）的亲戚关系做川军的统战工作。后来，由于南方局在国民党军统局电讯处已经发展了张蔚林、冯传庆等几名秘密党员，急需在他们与周公馆之间建立一个秘密联络点，张露萍因刚到重庆，国民党特务不认识她，成为最佳人选。为此，叶剑英等决定她与张蔚林以兄妹相称，并为她化名"张露萍"，以军统职员"家属"的身份，担任地下特支书记，深入虎穴，开展秘密斗争。

南方局交给张露萍三项任务：一是领导已经打入军统机关内部的张蔚林等人；二是与南方局联系，传递情报；三是伺机在军统内部发展党员。为了便于工作，张蔚林按照组织指示从军统宿舍搬出，以"兄妹"的名义和张露萍一起住在牛角沱两间平房。张露萍和张蔚林、冯传庆密切合作，努力团结周围的进步青年，在军统局内部逐渐发展赵力耕、杨洸、陈国柱、王锡珍为中共秘密党员，成立了中共地下党特别支部。他们在书记张露萍的领导下，团结默契，并肩战斗。张蔚林负责监听内务无线电台的信号，破译重要机密。冯传庆、赵力耕等人掌握着总台的收发报业务。

从1939年秋至1940年春，通过张露萍之手，军统电讯总台的人员名单、电台呼号、波长、密码、通讯网分布情况和各种行动计划等绝密情报，被源源不断地送到南方局或直接发往延安。党中央、南方局根据他们及时提供的准确情报，安全地转移重庆地下党机关和已经暴露的工作人员。张露萍的情报，更为我党捕获妄图潜入延安的国民党特务小组做出了贡献。1940年，戴笠拟派遣一个潜伏小组混入陕甘宁边区并给胡宗南发送了绝密电报。张露萍、张蔚林、冯传庆三人连夜破译，将电报译出："弟不日将亲自派遣一精干小组，携小型电台等器材，化装混入陕北共区，长期潜伏于肤施。望兄能设法掩护并鼎力相助。"张露萍迅速把这一绝密情报送至南方局，报告了党中央。这样，戴笠派遣的三人潜伏小组刚跨入边区地界即被抓获。一连串的"泄密"事件，让蒋介石极为震怒，斥令戴笠查清惩处。戴笠哀叹："这是我同共产党斗争中最惨重的一次失败！"军统内部机关特别是机要、电讯部门遂加强了特务督察。在张露萍的反复叮嘱下，大家小心谨慎，中共党支部宛如插进军统特务心脏的一把利剑，仍旧发挥着作用。

狱中艰苦卓绝的斗争

1940年春节，经组织批准，在张露萍利用工作间隙回蓉探望重病的母亲之际，一件意外之事让军统电台这个宝贵的地下党组织遭到毁灭性打击。张蔚林因为不慎将一部收报机的真空管烧坏，被送到稽查处看守所禁闭，特务借机搜查了牛角沱"张氏兄妹"住所，发现了军统人员名册、各地电台公布呼号和张露萍写的暗语。军统局随即派人包围电讯总台，先后逮捕张蔚林、赵力耕、杨洸、陈国柱、王锡珍。并以张蔚林的名义给张露萍发了一封电报，称"兄病重，望妹速返渝"。张露萍接到电报后匆匆赶回重庆，被早已等候在汽车站的特务逮捕。冯传庆从电台逃出跑到周公馆，报告了党支部被破坏的情况，叶剑英亲自安排他去延安，途中不幸被特务抓获。这就是当时震惊国民党心脏的"军统电台案"。

"军统电台案"发生后，蒋介石极为震惊，大骂戴笠无能。戴笠恼怒万分，判定张露萍是中共联络员，亲自刑讯。戴笠先是花言巧语，妄图软化，继而用钢鞭、烙铁烫、老虎凳、电椅等百般酷刑，张露萍始终没有屈服。

军统特务软硬兼施，最后使出一条放长线钓大鱼的毒计，假意释放张露萍，暗中安排便衣特务跟着她从周公馆门前经过，窥测她的动静。机智的张露萍识破阴谋，从曾家岩50号周公馆门前经过时，从容不迫，神态自若，从而迷惑了敌人，保护了自己同志的安全。特务们一无所获，重新逮捕了她。一个月后，张露萍和6位年轻的共产党员被判死刑缓期执行，囚禁于歌乐山白公馆。1941年3月，张露萍和她的战友又被远押到国民党军统的贵州息烽集中营。

在息烽监狱，张露萍的监号为"253"，与徐林侠（中共党员）、宋振中（杨虎城将军的秘书、中共秘密党员宋绮云、徐林侠夫妇的幼子，即小说《红岩》中的"小萝卜头"）、黄彤光等难友关在一室。开始一段时间，张露萍脚戴重镣，行动困难。加之在重庆深受酷刑，遍体鳞伤，面容憔悴。但她神情坚毅，性格刚强，始终保持着共产党员的革命乐观主义精神。黄彤光后来回忆说，我是1943年认识张露萍的。她中等身材，精力充沛，性格活泼，看她那样子真不像坐牢的人。我当时身患重病，愁容满面，步履艰难，对生活失去信心。她安慰说："你不要那么伤感，丧失信心，咱们都年轻，总有一天要出去。他们这帮家伙早晚要垮台，你应当振作起来。"

息烽集中营主任、国民党少将周养浩以个别谈话为名，对张露萍劝降利诱，进而动手动脚企图侮辱她。盛怒之下，刚烈的张露萍挥手给周养浩两记耳光。这事传遍了集中营。张露萍威武不屈的凛然正气，教育鼓励了难友。张露萍还托难友带暗语条给张蔚林等同志，鼓励大家坚持斗争。她在日记中写道："压力钳不住正义的舌，淫威封不住自由人的口，当不平的怒火燃烧时，索性大吼！"

在狱中，张露萍关心战友和下一代。她得知赵力耕由于受尽折磨，上肢瘫痪后，变卖自己的一枚金戒指，托人买来医药和营养品。她特别疼爱幼小的宋振中，教他识字，给他讲讲孙悟空大闹天宫的故事。张露萍还将在狱参加劳动所得的一点"补给金"，买了一只肥鸡养着。难友劝她用来滋补身体，她却一直留着生蛋给"小萝卜头"和一个刚在狱中出生不久的"狱中之花"孙达孟（孙壶东、徐宝芝夫妇的女儿）。日子久了，孩子们和她的感情也日益深厚，1945年7月，张露萍就义前离开牢房，"小萝卜头"紧紧地抱住她放声大哭。张露萍牺牲后，他几天不吃不睡。

张露萍等人在狱中同军统特务进行了艰苦卓绝的斗争。他们利用周养浩推行所谓的"狱政改革"机会，在狱中《复活月刊》《养正周报》上撰写诗文，巧妙地宣传党的主张，抒发共产党人的高尚情操。张露萍不断以"晓露"为笔名在刊物上发表诗文。她在《七月里的石榴花》写道：七月里山城的石榴花，依旧灿烂地红满枝头。它像战士的鲜血，又似少女的朱唇……石榴花开的季节，先烈们曾洒出了他们满腔的热血。无数鲜红的血啊，汇成了一条巨大的河流！……我们要准备着更大的牺牲，去争取前途的光明！在特定的节日里，集中营组织"修养人"举行文艺演出，以显示其"狱政革新"新气象。张露萍在歌颂反法西斯女英雄话剧《女谍》、曹禺名剧《日出》演出中，均担任主角。尤其她在《日出》一剧中强烈地控诉了反动统治阶级所造成的社会罪恶，唤起了人们对新的社会制度的向往，连息烽集中营军统人员都夸奖共产党里头大有人才。

悲壮的最后时刻

1945年，戴笠到息烽查监回渝后，即令周养浩密杀张露萍等人。7月14日，天刚亮，监狱女看守打开牢房，喊道："'253'，你释放了，穿上最好的衣服，去重庆开释。"敏感的张露萍已从看守的面色中知道自己生命的最后时刻就要到了。她镇静地、缓慢地精心梳头。梳了又梳，一直梳到她认为最满意的发型。"徐大姐，好看吗？"张露萍低声地问"小萝卜头"的母亲徐林侠。徐林侠默默地为张露萍梳头，眼圈红了，强忍悲咽。张露萍低声地问："徐大姐，我们活得亮亮，死，也要死得堂堂。你说是吗？"张露萍悲壮地问徐林侠，更好像是说给自己听。呜咽堵塞了徐林侠的喉咙，一串强忍难抑的滚滚泪水，洒落在张露萍的头发上。到行李室，张露萍从小皮箱内取出浅咖啡色薄呢连衣裙和红宝石戒指（1984年5月10日，张露萍七烈士忠骨迁葬，这枚红宝石戒指是证实张露萍忠骨最为权威的物件），给自己穿戴好。接着，又拿出一支口红；要难友黄彤光为她化妆。在生命的最后一息，她要在敌人的刑场上，再现她当年在南方局从事秘密工作时的战斗英姿。黄彤光接过口红，手在颤抖。镇定自若的张露萍安慰她："彤光姐，你不要难过，我知道我要到什么地方去，我现在心里很坦然！"

牢房门打开了，张露萍将自己的一些小东西分送给难友们，并与大家一一握手道别，她俯下身子轻轻地吻了吻"小萝卜头"，镇定自若地跨出监房，又回过头来对大家微笑了一下，高跟皮鞋踏出铿锵有力的脚步声。

在刑车上，张露萍与6个战友见面了。这是他们被投入息烽集中营4年多后的第一次见面。张露萍突然领头唱起了《国际歌》，战友们也跟着放声高唱。"起来，饥寒交迫的奴隶，起来，全世界受苦的人！……团结起来到明天，英特纳雄耐尔就一定要实现！"这悲壮激越的歌声，响彻息烽群山。刑车开到离县城3公里处，拐弯开往了快活岭一座军统被服仓库的大门前。特务们要张露萍等人下车休息，说要在这里装被服去重庆。张露萍和战友们踏上仓库门前的石级，她坦然地走在前面，6名战友整齐地跟在她的后面。突然，罪恶的枪声响了，张露萍身后的战友都倒在了血泊中，她只是腿上中了一弹。她转过身来，巍然屹立在石级上，怒视丧心病狂的特务们："笨蛋！朝我的胸部开枪吧！"张露萍凛然的一声怒斥，刽子手惊恐万状，从石级上倒退下来。张露萍用尽全身的最后力气高呼："打倒国民党反动派！中国共产党万岁！"特务们匆忙中举枪乱射，张露萍身中6弹，血染红了张露萍的衣襟，她紧咬瓣梢，满怀仇恨地倒在血泊之中。那一年，她24岁。张露萍以她年轻的生命，实现了她在《七月里的石榴花》诗中的誓言。

当晚，难友李任夫（原国民党左派领袖李济深将军的秘书）用一块小牛角片刻下了"253：1945、7、14"一行字，悼念这位年轻的巾帼英雄，铭记着这个悲壮的日子。

烈士英名重放光华

由于我方打入国民党军统电台地下工作人员身份隐秘，又改名字，加上国民党的严密封锁，连周恩来、叶剑英等人都不知道张露萍7人的下落。新中国成立后，由于没有"军统电台案"的资料，烈士名单里找不着他们的英名。

1980年春，当年息烽监狱中共临时党支部负责人中唯一幸存者、小说《红岩》"疯老头"华子良的原型韩子栋，获悉中共中央发布的关于查清在敌人监狱中遇难者问题的指示后，尽管不了解张露萍等人被捕前的具体情况，但对张露萍等人在狱中的表现非常清楚，特意写了《关于张露萍等七位共产党员在息烽集中营被敌人杀害的报告》。他写道："我作为狱中中共地下支部负责人之一，完全可以为他们7人作证，证明他们确实是我党忠诚的党员，是杰出的爱国志士。"这份报告受到中央组织部和全国妇联的高度重视。叶剑英、雷英夫也提供了证明材料。1983年7月10日，雷英夫向叶剑英汇报四川省委组织部复查组对张露萍、冯传庆等人的复查情况，叶剑英听后很激动，说："好啊！好啊！我想起来了，张露萍不就是那个'干一场'嘛?!"

经过长时间的反复调研查实，"军统电台案"真相大白。1983 年，张露萍被追认为革命烈士。1983 年 11 月 27 日，在烈士殉难纪念日，重庆"中美合作所"集中营展览馆的陈列大厅里增加了张露萍等烈士的斗争事迹，英名录上增加了张露萍等烈士的名字。1984 年 10 月，中共息烽县委、息烽县人民政府将张露萍等同志的忠骨从牺牲地迁葬到快活岭新建陵墓，立碑以志。1985 年底，中共崇庆县委、崇庆县（今崇州市）人民政府在县城罨画池畔，为张露萍建造了一座高 7.2 米的汉白玉雕像，并立碑介绍其生平。

韩子栋为张露萍墓题写了碑文："少年赴陕，献身革命。受命返渝，虎穴栖身。智斗顽敌，戴笠震惊。狱中再战，威慑敌营。一代英烈，肝胆照人。立石为证，长志艰辛。"这是对张露萍短暂一生最恰当的记述。

——资料来源：叶青. 张露萍：用热血染红七月的石榴花［EB/OL］. 学习时报，2020-10-29.

【析案例】

张露萍为了解放事业隐姓埋名，深入虎穴，开展地下秘密斗争，如一把利剑插入敌人心脏，源源不断地为中共中央和南方局传递宝贵情报，为革命做出巨大贡献。在后来被捕后，在狱中受尽酷刑，但她依然宁死不屈，与敌人进行了英勇斗争，展现了中国共产党人百折不挠的浩然正气，彰显了革命志士坚定革命胜利，哪怕牺牲生命的崇高信仰。

【融教学】

张露萍的案例可以融入第二章第一节第二目"理想信念是精神之钙"，从"革命青年"到"革命圣地'干一场'"，从"插入敌人心脏的一把利剑"到"狱中艰苦卓绝的斗争"，从"隐姓埋名"到"烈士英名重放光华"，张露萍的事迹彰显着共产党人坚定的理想信念，这种理想信念可以昭示奋斗目标，催生前进动力，提供精神支柱，提高精神境界，让张露萍在面对险恶境遇和重重困难时，可以坚定信仰，用热血染红七月的石榴花，显示了中国共产党人不怕牺牲、不怕流血的浩然正气。

用此案例引导学生在大学期间要努力提高知识水平，增强实践才干，树立崇高的理想信念，也许在今天不用"抛头颅洒热血"，但依然需要有无数青年弘扬红岩精神，团结一致，为实现中华民族伟大复兴而不懈奋斗。

【拓思考】

理想指引方向，信念决定成败。"志之所趋，无远弗届，穷山距海，不能限也。志之所向，无坚不入，锐兵精甲，不能御也。"请结合这句话的意思，谈一谈当代大学生应树立什么样的理想信念？

教学案例八　车耀先：办好革命"努力餐"

【阅案例】

"老板，有没有拿手的好菜？"

"有的是，本店最有名的菜是板栗烧鸡。请问你是要红烧还是要清炖。"

"要红烧，外加小米辣。"

"请客人到后厅一号雅间入座。"

几句对话后，几位来客就急急忙忙地到后厅去找座位了。

你以为这只是一桩生意接待吗？那就大错特错了。这是革命同志用暗语在交流。

车耀先（红岩联线文化发展管理中心供图）

1927 年，军阀刘湘与蒋介石勾结，制造了"3·31"惨案，大批共产党人和革命志士遭到残杀。此时的共产党和一些倾向革命的团体还处在地下时期，如果公开身份就会被反动政府抓进监狱或被扣上反政府的帽子，因此他们秘密制定了一套联络暗号，如"红烧""小米辣"代表赤色、红色，象征共产主义，凡能说出联络暗号"红烧加小米辣"的，就是进步人士或革命青年。对上暗号后，他们会直接进入餐厅后厅的一号雅间，共同探讨中国革命的有关问题，或是阅读《共产党宣言》《新青年》《民声》等进步书籍或刊物，充分吸收革命的养分。

"这家餐馆名叫'努力餐'，主人就是红岩英烈车耀先。"2019 年 12 月 28 日，重庆红岩联线文化发展管理中心文博副研究馆员王浩向记者讲述了一段有关车耀先烈士的故事。

革命者只要说出"一菜一汤"的暗号，餐馆就会提供免费餐饭

1894 年，车耀先出生于四川省大邑县一个贫苦的小贩家庭，早年参加了"四川保路同志军"。1927 年，蒋介石叛变革命后，车耀先离开部队，于 1929 年在成都开设"努力餐"以联络各地的革命同志。王浩称，之所以取名"努力餐"，一是希望革命同志努力加餐，健壮身体，好有精力与旧社会做斗争；二是在这里多看革命书籍，增加知识，好对旧政府镇压群众的暴行口诛笔伐。

餐馆创立之初，车耀先曾亲笔在餐馆墙壁上留下一副对联：要解决吃饭问题，努力，努力！论实行民生主义，庶几，庶几！他经常提醒厨师："庶民百姓到我们这里来进餐，就要想办法让他们吃好，做到物美价廉。"根据党的指示，车耀先以"努力餐"老板的身份做掩护，积极从事抗日救亡工作，"努力餐"也顺理成章地成为革命据点。到店里的革命者只要说出"一菜一汤"的暗号，餐馆就会提供免费餐饭。就这样，"努力餐"接济了许多生活上存在困难的革命者。车耀先等人办事细致周到，在餐厅一号雅室中，到处放置四书五经和佛经之类的书籍。革命同志来了之后，车耀先便将秘密收藏的书籍刊物拿出来供大家阅读。1929 年，车耀先加入中国共产党，并担任中共川西特委军委委员。

9·18 事变后，在成都举行的"国耻纪念大会"上，车耀先慷慨陈词，怒斥蒋介石和旧政府的投降主义。他的言论和活动引起了"三军联合办事处"头子向传义的注意，密令城防部队深夜包围"努力餐"，逮捕车耀先。但二十四军中车耀先的同学及早通知了他，车耀先得以秘密前往重庆，转赴上海躲避。半年之后，风头过去，车耀先返回成都，先后在刘文辉的二十四军和邓锡侯的二十八军担任上校参谋、副官等，以此作为掩护，继续做革命工作。1933 年，他获取敌人要搜捕的地下党名单后，立即想方设法通知名单上的人及时转移，为保护革命力量发挥了积极作用。

"努力餐"成为抗日救亡人士的活动中心

1937 年 1 月，车耀先用餐馆内两间屋子作为编辑部办公室，创办《大声》周刊。他用笔名发表了大量文章，揭露亲日派挑动内战的阴谋，积极宣传抗日，反对内战。该刊曾多次被国民党反动派查封，不得不先后改名为《大生》《图存》等，与敌人周旋。从 1937 年 1 月创刊到 1938 年 8 月 23 日停刊，共出刊 61 期，疾呼抗战，反对妥协，成为当时四川抗日救亡运动的喉舌。

1937 年，成都地区各抗日救亡团体骨干联合成立"成都各界救国联合会"，联合会的日常工作和聚会就在"努力餐"。自此以后，抗日救亡运动不但可以统一行动，也加强了成都抗日救亡组织同全川各地抗日救亡组织的联系。

"'努力餐'还成了抗日救亡人士的活动中心，国内著名的抗日救亡人士大多相会于此。"王浩介绍，救国会"七君子"沈钧儒、邹韬奋、史良、李公朴、章乃器、王造时、沙千里出狱后到成都，车耀先特为他们设宴于"努力餐"。沈钧儒还曾陪同邓颖超与车耀先会面。1940 年，中华文艺界抗敌协会成都分会举行冯玉祥、老舍来蓉的欢迎会，也在"努力餐"举行。

周恩来总理亲自为他题写了墓碑碑文

1940年3月，国民党反动派在成都制造"抢米事件"，造谣诬陷共产党，车耀先等100余人被捕。

押往重庆后，车耀先最初被关在重庆望龙门监狱，国民党的一个头目对车耀先说："只要你供出成都'抢米事件'是共产党组织的，就可以让你当四川省民政厅厅长，你看如何？""我是一个小老百姓，我不知道是谁组织抢米，我也没有那个福气当官。"车耀先平静地说。敌人见软的不行，就施以酷刑，结果还是一无所获。

1940年底，车耀先被转押至贵州息烽集中营。在集中营里，车耀先与罗世文两人在狱中组建中共地下临时支委会，团结狱中革命志士，与国民党当局进行坚决斗争。

1946年7月，车耀先及其他数十名革命志士被转囚于重庆渣滓洞监狱。8月18日，车耀先同罗世文一道昂首走向刑场，国民党特务将他们杀害于松林坡戴笠的停车场。新中国成立后，人民政府为车耀先举行了隆重的葬礼，周恩来总理亲自为他题写了墓碑碑文。

"喜见东方瑞气生，不问收获问耕耘。愿以我血献后土，换得神州永太平。"王浩说，这首咏志诗实际上也是车耀先同志革命精神的写照。今天，我们要学习车耀先同志寓伟大于平凡的革命精神，胸怀理想，不懈奋斗。

——资料来源：匡丽娜. 车耀先：办好革命"努力餐"［EB/OL］. 学习强国-重庆学习平台，2020-01-02.

【析案例】

中国共产党优秀党员车耀先入党后曾写下一首诗："投身元元无限中，方晓世界可大同。怒涛洗净千年迹，江山从此属万众。愿以我血献后土，换得神州永太平。"正如诗中所表达的那样，他以自己的一腔热血，寓伟大于平凡，把生命献给了壮丽的共产主义事业。车耀先的事迹对新时代青年坚定信仰信念信心有极大的启迪意义。

【融教学】

车耀先的案例可融入第二章第二节"坚定信仰信念信心"，引导学生主动向革命先烈车耀先学习，提高精神境界，坚定理想信念。新时代青年生逢其时，同时也肩负重任，应当志存高远，寓伟大于平凡，脚踏实地，切实增强对马克思主义、共产主义的信仰，增强对中国特色社会主义的信念，增强对实现中华民族伟大复兴的信心，把个人理想追求融入党和国家事业之中。

【拓思考】

习近平总书记曾说：伟大出自平凡，平凡造就伟大。请结合车耀先的事迹，谈一谈对这句话的理解。

第二篇　三峡移民精神融入思考

教学案例一 百万三峡移民 一个感动世界的奇迹

【阅案例】

110 多万移民告别故土，2 座城市、7 座县城、94 座集镇迁建，1400 家工矿企业搬迁……

这不是一组简单枯燥的数字，这是重庆为三峡工程按期蓄水、通航、发电做出的巨大牺牲和贡献！

三峡工程成败的关键在移民，而移民的重点在重庆，重庆承担着 85% 以上的三峡移民任务。自三峡工程移民搬迁安置工作启动到全面完成移民搬迁安置任务，重庆累计搬迁安置移民 110 万余人。

挥一挥手，作别故园的千重稻菽；鞠一鞠躬，叩别黄土下的祖辈魂灵。在这场艰苦卓绝的攻坚战中，中央领导高度重视、库区移民深明大义、移民干部舍己为公、全国人民倾情支援，重庆举全市之力，上下一心，以顾全大局的爱国精神，舍己为公的奉献精神，万众一心的协作精神，艰苦创业的拼搏精神，合力破解了百万移民这道"世界级"难题。

110 万余名重庆移民舍小家为国家，为三峡工程的顺利建设创造了条件

6 月的万州区新田镇五溪村黑儿梁，满目苍翠。海拔 400 米以上种的是麻竹，400 米以下是漫山遍野的柠檬。

58 岁的冉振爱正在林间查看柠檬长势。从 1995 年起，他在每一届村（社区）换届选举中，都高票当选村主任，今年 5 月又承担起了村支书、村主任"一肩挑"的重任。这代表了村民对他这个"领头雁"的信任。

"黑儿梁，乱石岗，坡坡坎坎草不长。" 1993 年，三峡百万移民工程正式实施，长江边的五溪村属于移民搬迁范围。因为山上土地贫瘠，后靠安置的移民心里有顾虑。冉振爱响应国家号召带头搬迁，从水土丰沃的长江边搬到乱石林立的黑儿梁。他开辟荒山建果园，带领村民发展柠檬等林果经济，硬是把昔日的荒山坡变成了现在的"花果村"。

中国人讲究"故土难离"，但为了建设一个更加美好的三峡，为了创造更加美好的生活，百万三峡儿女抛家舍业、别乡离土，不讲价钱，不言回报。

后靠移民离开肥沃的土地，把新家建在瘠薄的山梁台地上；外迁移民带着家乡的泥土、黄桷树，远赴十几个省市，把根扎在他乡的土地上。

在重庆三峡移民纪念馆三楼展厅，一面记录外迁移民场景的照片墙上，一张手捧黄桷树苗的中年男子与亲人泪别的照片，感动了无数中国人。

男子名叫徐继波。2000年8月，150户639名云阳县农村移民外迁上海崇明落户。徐继波兄妹8人都是移民，只有他是外迁移民。临别前，父亲满眼含泪，递给他一株家乡的黄桷树苗，希望他能把三峡的根深深地扎在上海的土地上。到上海后，徐继波勤恳做事、踏实做人，他种过地、卖过菜，当过机械工人，如今是崇明环卫工人，今年就要退休。

……

这些点点滴滴的凡人凡事，铸就了三峡移民这个平凡而英雄的群体。2002年，中央电视台首次评选"感动中国"年度人物时，将特别大奖授予了三峡百万移民。

广大移民干部舍己奉公，无私奉献，不少人累倒在工作岗位上

正在北京举行的"不忘初心、牢记使命"中国共产党历史展览上，有两枚写着"有事找共产党员"的工作标牌，感动了无数观展者。

这两枚标牌来自重庆，是忠县乌杨镇移民干部在护送移民外迁途中实际佩戴过的胸牌。

在波澜壮阔的百万移民历史洪流中，广大移民干部想移民之所想，急移民之所急，解移民之所难，以自己的一言一行，践行着"宁可苦自己，决不误移民"的庄重承诺。

有的移民干部，是在用生命破解这道世界级难题。

2001年8月，巫山县移民干部冯春阳在步行赶往偏远的青云村做移民工作。途中，被突如其来的山洪卷走，以身殉职。这一天，离他正式退休只差4天。

2001年1月20日下午，正在移民现场办公的涪陵区百胜镇副镇长况守川，看到一面正在拆除的移民房屋土墙即将倒塌，墙体下站着一对母子。千钧一发之际，他冲上去撞开了这对母子，献出自己33岁的年轻生命。

"请把我的坟墓面向长江，埋在175米水位线上……"这是云阳县高阳镇牌楼村原党支部书记叶福彩的临终遗言。在得知自己身患晚期胃癌以后，他不但没有退缩，反而更加深入地投入移民工作中。临终前，他唯一的请求是希望妻子把自己安葬在三峡水库175米水位线上……

为了让移民"搬得出，稳得住，逐步能致富"，广大移民干部大胆实践，走出开发式移民的创新之路。

1992 年，奉节县安坪乡被确定为首批三峡移民迁建试点乡，乡党委书记冉绍之拖着两条病腿挨家挨户地给村民做工作，10 天就磨破一双鞋。他还带领村民开山修路，改土造田，成功创造"门前一条江、江边一条路、路边一排房、房后一片园"的就地后靠安置模式，探索出一条三峡库区多元化发展的路子，为农村移民后靠安置树立了样板。

2018 年 12 月 18 日，在庆祝改革开放 40 周年大会上，冉绍之被党中央、国务院授予"改革先锋"称号，并获评"三峡移民安置的实践探索者"。2019 年 9 月 25 日，冉绍之入选"最美奋斗者"名单。

各地对口支援三峡重庆库区资金超 1500 亿元，合作项目 1858 个

2020 年 11 月 26 日，全国对口支援三峡库区经贸洽谈会上，重庆库区区县签约 24 个项目，签约金额 303.3 亿元。这批落户重庆库区的项目，涵盖农特产品、康养旅游、新能源、新材料、电子商务等生态特色产业，将有力助推库区产业实现高质量发展。

三峡工程是中华民族的世纪工程，三峡百万移民牵动着全国人民的心。

1992 年，党中央、国务院发出全国对口支援三峡库区的号召——自此，全国 26 个国家部委、23 个省（区、市）、重庆主城 7 个区与三峡重庆库区结下浓厚情谊，协作一心，为破解百万移民世界级难题增添了强大力量。

对口支援省市通过资金帮扶、项目建设、技术交流、市场拓展、劳务合作、人员培训、干部交流等多种途径，全力支援重庆库区移民工作和经济社会发展。截至今年 5 月，全国对口支援三峡重庆库区累计引入资金超过 1500 亿元、合作项目 1858 个。

在重庆库区所有区县，都有以对口支援地命名的道路、桥梁，一条条"辽宁大道""山东路""河北步行街"见证着库区人民与对口支援省市的深情厚谊。

在对口支援省市的倾情援助下，库区公共服务功能大幅提升。位于涪陵区顺江大道的浙涪友谊学校是一所九年一贯制学校，2004 年由浙江省捐建。17 年来，在浙江省的倾情帮助下，浙涪友谊学校占地面积由原来的 4.3 亩扩至 50 亩，办学规模由过去的 1215 人增加到 3452 人，办学质量进入涪陵区前列。

对口支援充分体现了社会主义集中力量办大事的优越性，它为三峡重庆库区经济发展注入了强大活力，并成为推动库区产业大调整的经济"引擎"。

产业空虚曾是困扰库区发展、移民安稳致富的难题。自全国对口支援三峡库区以来，浙江华峰集团、建峰集团、伟星集团、杭州娃哈哈集团、广东雷士照明、山东如意集团等一大批国内知名企业到三峡库区投资兴业，有效助推了库区产业转型升级。

2010 年，为响应对口支援号召，华峰集团有限公司在涪陵区投资建设了重庆华峰新材料产业园，目前已成为全球最大的己二酸生产企业和全球单体最大的氨纶生产基地。2020 年年底，华峰集团投资 60 亿元建设的尼龙 66 一体化项目再次落户涪陵。

在全国人民的倾情支援下，重庆库区以移民迁建为契机，充分利用后期扶持、库区基金、产业发展基金等优惠政策，抓好库区产业结构调整。以对口支援与招商引资为平台，积极承接沿海地区产业梯度转移，变库区生态优势为发展优势，实现了库区经济快速发展，为移民安稳致富奠定了坚实基础。

——资料来源：龙丹梅．百万三峡移民 一个感动世界的奇迹［EB/OL］．重庆日报，2021-07-05.

【析案例】

中国精神是兴国强国之魂，如果一个民族、一个国家没有自己的精神支柱，就会失去凝聚力和生命力。中华民族历经磨难绵延至今，并以和平发展姿态屹立于世界民族之林，就是因为有以爱国主义为核心的民族精神的支撑。作为中华民族智慧和创造的结晶，民族精神在不同历史条件下有不同的时代内涵，"顾全大局的爱国精神、舍己为公的奉献精神、万众一心的协作精神、艰苦创业的拼搏精神"就是在改革开放和社会主义现代化建设的新时期，在三峡工程百万移民搬迁的伟大实践中凝聚的新的民族精神。三峡移民精神是对中华民族精神的继承和弘扬。

【融教学】

当代大学生担当着民族复兴的时代使命，认识中国精神的重要性对大学生担当复兴使命具有重大意义。三峡移民精神案例，可应用于讲解第三章第一节"中国精神是兴国强国之魂"，让大学生认识到中国精神的重要性，从而引导他们要努力将中国精神转化为青春行动，勇做弘扬和践行中国精神的时代先锋，为国家富强、民族振兴、人民幸福贡献自己的智慧和力量。

【拓思考】

人无精神则不立，国无精神则不强。结合实际，谈谈为什么中国精神是兴国强国之魂，以及如何将中国精神转化为青春行动？

教学案例二 三峡移民村"丰峡村"的幸福新生活

【阅案例】

2000 年，来自重庆市巫山县的 625 名村民千里移民到安徽省长丰县，长丰的"丰"加上三峡的"峡"，一个移民村庄"丰峡村"就此诞生。

"我刚来的时候闹了个大笑话！"现年 42 岁的匡永见，原在长江瞿塘峡驾船为业，移民时盘算着到长丰县水湖镇的"水湖"里重操本行，来了以后才"傻了眼"——水湖镇里没有湖，有的是一片大平原。

丰峡村村委会主任黄龙文说，长丰的气候、土质和巫山老家不同，还有不少移民和匡永见一样"没种过一天田"，如何在新家园找到新的致富路，成了村民们面前的头等大事。

刚到长丰的头两年，很多丰峡村民尝试着种蔬菜，一亩地年利润有五六千元。不料 2002 年年底长丰下了一场大雪，"在重庆生活几十年只见过小雪"的村民们预料不及，用老家方法搭建的毛竹大棚被雪压塌，普遍损失不小。

为帮助村民找到更为适宜的产业，长丰县于 2003 年筹措资金在丰峡村建了一个 72 间的养猪场，引导村民们搞养殖。"公司加农户"养猪，村民收入较高且风险低，几年间丰峡成了年出栏 3 万头的"养猪大村"。

但到了 2008 年，养猪公司因猪瘟和市场动荡收缩规模，丰峡村的养猪量被迫下调到 1 万头，很多村民面临着第三次改行。

长丰县决定扶持丰峡村发展本县的优势产业：草莓。长丰是全国第一草莓种植大县，已在全国形成特色农业品牌，"种出来就不愁卖"。但种草莓需要特定的农田基础设施，为此县里投资 80 万元解决丰峡村草莓田排水问题，今年又着手帮助打机井、拉电线。种草莓技术要求高，镇里提供免费技术培训，并协调邻村来搞技术合作。

"丰峡村民最能吃苦耐劳，这一点让长丰本地人都很佩服！"丰峡村第一书记秦吉梅说，加上多方扶持，村民们越干越有信心。

变中求进，经过十余年努力，丰峡村人均收入已高出全县平均水平 20%，刚来时住的平房变成了两层、三层。村庄紧邻县城，交通、购物、入学都很方便，村里的孩子们已操着本地口音，不少考上了大学。"我们有时想老家了就回去看看，但没几天又想回来，反而不习惯了。"一位村民说，"老家新家，这里长丰已经是我们的家!"

——资料来源：徐海涛. 变中求进：三峡移民村"丰峡村"的幸福新生活[EB/OL]. 新华社，2011-09-25.

【析案例】

中国精神具有丰富的内涵。在几千年历史长河中，中国人民始终团结一心、同舟共济。团结就是力量，团结才能前进，只要14亿多中国人民始终发扬这种伟大的团结精神，就一定能够形成勇往直前、无坚不摧的强大力量。现如今，三峡库区旧貌换新颜，在大搬迁中实现了大发展，拔地而起的移民新城、星罗棋布的知名企业、纵横交错的交通网络、安居乐业的外迁移民，无一不是在向世人展示三峡精神的强大能量。尤其是万众一心的协作精神，它是实现百万移民的强力保障。它充分展现了中华民族的优良传统，体现了集中力量办大事的优越性，奏响了一曲团结奋进的时代颂歌。

【融教学】

百万三峡移民，涉及农村、集镇和城市移民；涉及淹没拆迁移民、征地移民、征地拆迁移民；涉及湖北省、重庆市内和全国各对口支持省市的广大迁出地和迁入地；涉及党政各个部门以及几乎所有企事业单位；涉及政治、经济、文化、社会方方面面，是难度堪比登天的世界级难题。而如今，搬迁到安置地的三峡移民已经深深地把根扎在新家了。三峡移民在新家过上了比故乡更甜蜜的新生活，世界级难题就在这浓浓思乡情中迎刃而解。本案例可用于讲解第三章第一节第二目"中国精神的丰富内涵"中的伟大团结精神和伟大奋斗精神。通过三峡移民在丰峡村的幸福生活案例，让学生了解到三峡移民牢固树立"全国一盘棋"的思想，相互理解，相互支持，万众一心，同心同德，积极为三峡工程建设贡献自己的力量，从而积极思考自己为国家贡献自己的力量。同时，丰峡村的三峡移民通过自己的奋斗过上了幸福的生活，让学生认识到幸福都是奋斗出来的。只要14亿多中国人民始终发扬这种伟大奋斗精神，就一定能够达到创造人民更加美好生活的宏伟目标。

【拓思考】

1. 作为新时代大学生，我们应如何发扬伟大奋斗精神？

2. 结合自身实际，谈谈作为新时代大学生能够为国家富强、民族复兴做些什么？

教学案例三　美丽江西是我家　三峡移民的全新生活

【阅案例】

熟悉的三峡，已成为遥远的故土；陌生的天地，变成了崭新的家园。2000年金色的秋天，一部宏伟壮丽的外迁移民交响诗，奏响了澎湃的序曲，全国十几个省市先后接收安置三峡库区外迁移民16万多人，缓解了库区安置压力。

外迁移民成为最让人牵肠的群体。从山区到平原，由种柑橘、苞谷变成种水稻、棉花，他们开始了新生活。外迁移民得到了各省市的热情欢迎。移民安置点被选在交通方便的地方，给移民的土地是好田好土，移民住宅修得漂漂亮亮，连锅头碗盏燃气灶具都一一齐备，连孩子入学，学校都指派了当地同学结对子帮扶。在所有的三峡移民外迁安置地，都制订详尽的移民帮扶计划，就是指派当地经济富裕又非常热心的干部或党员，以一对一或二对一的方式结成帮扶对子，帮扶移民的生产生活。

哪里的人都是一样亲，哪里的水土都养一方人。外迁三峡移民纷纷把安置地政府和乡亲的关心帮扶当作再创新业的动力，很快融入当地社会，走上发家致富的道路。胡运鸿，奉节县移民，年近60，到江西奉新县后关心当地社会发展，自订报刊、自学农业科技知识，很快掌握了种棉种瓜新技术，日子过得红红火火，还被选为县政协委员。雷阳安，云阳县移民，来到江西永修县后，种棉花、种水稻、养猪、酿酒、开打米作坊样样都干，很快走上了勤劳致富的道路，还当上了村志愿者协会会长。据统计，外迁移民中，60%～70%的家庭至少有一个人外出打工，20%的移民从事服务业，正在从生产、生活和情感上成功地融入当地社会。

——资料来源：美丽江西是我家　三峡移民的全新生活 [EB/OL]. 国务院三峡工程建设委员会，2006-05-12.

【析案例】

中国人民始终革故鼎新、自强不息，开发和建设了祖国辽阔秀丽的大好河山，开拓了波涛万顷的辽阔疆域，开垦了物产丰富的广袤粮田，治理了桀骜不驯的千百条大江大河，战胜了数不清的自然灾害，建设了星罗棋布的城镇乡村，发展了门类齐全的产业，形成了多姿多彩的生活。中国人民自古就明白，世界上没有坐享其成的好事，要幸福就要奋斗。三峡移民怀着为三峡工程做贡献，为国家分忧，为子孙后代谋幸福的崇高信念和对未来美好生活的憧憬，艰苦奋斗，重建家园，体现了"自强不息，开拓开放"的精神风貌。

【融教学】

三峡移民精神是以爱国主义为核心的民族精神的继承、丰富和发展，是以改革创新为核心的时代精神的体现和升华。百万移民在重建家园中迸发出来的艰苦创业的拼搏精神，就是伟大民族精神中的奋斗精神，就是我们民族勤劳勇敢、自强不息精神在社会主义建设中的集中体现，本案例可用于讲解第三章第一节第二目"中国精神的丰富内涵"中的"伟大创造精神""伟大奋斗精神"。库区受淹面积之大、搬迁移民数量之多、企业的迁建和基础设施的复建规模涉及范围之广，都是史无前例的。破解移民这道难题必须创新。没有创新，移民不可能"迁得出"；没有创新，移民不可能"稳得住"；没有创新，移民不可能"逐步能致富"。三峡库区广大干部和群众勇于创新，探索出了一条有中国特色的大型水利工程建设移民的新路子。本案例还可用于讲解第三章第一节第三目"实现中国梦必须弘扬中国精神"中的弘扬以改革创新为核心的时代精神。三峡移民靠着聪明的头脑和勤劳的双手带领大家建设新家园，把日子越过越好，通过案例让学生认识到奋斗和创新的重要性。

【拓思考】

1. 作为新时代的大学生，我们应如何发扬伟大奋斗精神？

2. 结合自身实际，谈谈应如何走在改革创新的时代前列？

教学案例四　洪水冲不走的丰碑

【阅案例】

三峡工程百万大移民跨越两世纪，历经 17 年，取得了举世瞩目的巨大成就，涌现出了一大批兢兢业业、可歌可颂的先进人物。他们奉献出了青春和汗水，亲情和友情，甚至奉献出了宝贵的生命。在我旁边的展柜中，陈列着胶鞋、草帽、手电筒等物品，向人们诉说着为民牺牲的好干部冯春阳的故事……

冯春阳是巫山县政府办公室干部。2000 年 10 月，他临时被抽调到外迁工作队，派往移民重镇大昌镇工作。移民难，外迁更难，在大昌镇，又数河口村最难。村子紧靠秀丽的大宁河，地势平坦、土地肥沃、生活富足。村民们连后靠都不愿意，更不用说远迁千里之外的他乡。临近退休的冯春阳主动请缨，要啃下这块"硬骨头"。到村里后，他把移民当朋友、当亲人。从 2001 年元月开始，他的工资除了生活的简单开销外，全部用在了移民身上，也就没有再给家里交一分钱。无微不至的关心，披肝沥胆的讲理，短短 9 个月时间，他跑烂了 5 双解放鞋，总共只休息了不到 10 天。

在大昌镇 19 人的外迁移民工作组里，冯春阳的出勤率位居榜首。有好心人劝他："马上就要退休了，还图啥呀？歇歇吧！"他却说："我不图个人名利，只图对得起党员这个称号，我要站好最后一班岗！等到河口村全部村民顺利搬迁了，我才正式退休"。没想到，这竟是冯春阳用生命书写的最后承诺。

2001 年 7 月 30 日，天空乌云密布，一场大雨即将来袭，担心移民安危的冯春阳坚持和同事甘惠明一起进村开展工作。上午 10 点多，他们途经河坝中间的一块空地时，痔疮发作疼得直掉汗珠的冯春阳，再也坚持不住了，不得不就地坐下休息片刻。正当冯春阳和同事准备继续走的时候，远处山坡上突然传来令人毛骨悚然的呼喊："洪水来了，快跑啊！"两人回头一看，上游陡涨的洪水裹挟着泥土和树枝奔涌而来，平时不到 100 米的河床已经超过了 500 米，两人瞬间被洪水吞噬。甘惠明挣扎着扑到岸边，冯春阳却被无情的洪水卷走了。消息迅速传遍了整个大昌镇，传遍了大宁河两岸。成百上千人的搜索队伍，沿着大宁河两岸打捞寻找，呼喊声、哭泣声响彻沿河两岸。在家里，20 多天抬不起双臂的妻子，从外地回家半个多月的女儿，母女俩等来的是冯春阳再也回不来的噩耗……

2001 年 8 月 2 日，冯春阳的遗体找到了。这一天，距离他正式退休仅仅只差 4 天！这就是党的移民好干部——冯春阳，他用生命的代价，兑现了一名共产党员生前"站好最后一班岗"的承诺。

——资料来源：黎洋宏. 三峡移民故事：洪水冲不走的丰碑 ［EB/OL］. 微万州，2021-08-16.

【析案例】

马克思主义认为，高尚的人生目的总是与奋斗奉献联系在一起。服务人民、奉献社会的思想以其科学而高尚的品质，代表了人类社会迄今为止最先进的人生追求。大学生只有把自己的人生目的与国家前途、民族命运、人民幸福联系在一起，以人民利益为重，始终对祖国和人民怀有高度的责任感，才能自觉自愿地把自己的一生奉献给利国利民的事业。同时，大学生的成长成才和全面发展离不开正确价值观的引领。正确的价值观能够引导大学生把人生价值追求融入国家和民族事业，始终站在人民大众立场，同人民一道拼搏、同祖国一道前进，服务人民、奉献社会，努力成为中国特色社会主义事业的合格建设者和可靠接班人。为民牺牲的好干部冯春阳全身心地投入和奋斗在三峡移民工作上，体现出了高度的责任感、强烈的事业心和自觉的献身精神，在服务人民、奉献社会中实现了自己的人生价值。

【融教学】

党的移民好干部——冯春阳，他用生命的代价，兑现了一名共产党员生前"站好最后一班岗"的承诺，弘扬了舍己为公、勇于牺牲的高贵精神信仰。本案例可用于讲解第一章第三节第一目"高尚的人生追求"。引导学生认识到一个人确立了服务人民、奉献社会的人生追求，才能以正确的人生态度对待人生、解决实际生活中的各种问题，以人民利益为重，始终对祖国和人民怀有高度责任感，在服务人民、奉献社会中实现自己的人生价值。本案例还可用于讲解第四章第三节第一目"扣好人生的扣子"。通过案例引导大学生认识到青年的价值观是什么样，决定着未来整个社会的价值观就是什么样。当代大学生要意识到自身肩负的历史使命，自觉加强价值观养成，树立正确的价值取向。本案例还可用于讲解第五章第三节第二目"职业生活中的道德规范"，其中"奉献社会"是职业生活中的基本道德规范，三峡工程百万大移民跨越两世纪，取得举世瞩目的巨大成就，就在于一大批兢兢业业、奉献社会的党的好干部。

【拓思考】

1. 作为新时代大学生，应如何扣好人生的第一粒扣子？

2. 结合自身实际，谈谈作为新时代大学生如何理解职业道德的基本要求？

教学案例五　三峡库区　产业变强：听移民心声　看重庆万州巨变

【阅案例】

秋日清晨，晴空万里。远处一声厚重的巨轮鸣笛声，拂过波光粼粼的宽阔江面，飘到长江支流苎溪河边。在位于三峡库区腹心地带的重庆万州，新的一天又开始了。

早晨不到 8 点钟，36 岁的廖红梅从位于岸边的家中出发，爬过 5 分钟台阶，在路边搭乘班车到三峡纺织公司上班。刚晋升为车间主任的廖红梅来回巡查，把关产品质量，并不时向工人交代着什么。这个曾经以种菜地、打零工为生的年轻三峡移民，早已习惯了朝九晚五的工厂生活。

三峡库区移民超过百万，万州便有 26 万名之多。过去，他们舍小家顾大家，为国家工程无私奉献；如今，三峡大坝建成了，库区发展越来越好，移民也过上了安居乐业的好日子。15 年沧桑巨变，让廖红梅有了说不完的故事，道不尽的感激……

1997 年，因为三峡工程，廖红梅老家的 2 亩地要被水位上升的苎溪河淹没。于是，一家人告别老屋，搬到河对岸的周家坝街道沙河社区。他们拿着 8 万多元补偿款，在政府规划的区域内，自建起两层共 200 多平方米的迁建房，开始在新城打拼未来。

然而，面对新的生活，廖红梅并没有做好心理准备。按照三峡移民规划，淹没涉及万州 25 个镇乡街道，370 家工矿企业关停并转，淹没实物指标总量占三峡库区的 1/5……

"工作不好找，日子不好过。"以前家里有地，生活还算温饱，可移民之后城市里大批劳动力富余，找工作难上加难。

2003 年，丈夫张承洪原来所在的国有企业三峡轴承厂因效益不好，被迫停工破产，他只好自寻出路，干起了保安。从拿铁饭碗到当临时工，张承洪起初很难适应，"站在单位门口，老觉得别人在拿异样的眼神看我，生怕遇见老工友。"他觉得，虽说自己是移民，但必须不等不靠，用双手创造未来，"更何况，国家也肯定不会忘记我们。"

在发展中移民，在移民中发展。有中央大力扶持，有兄弟省市援助，移民百姓齐心协力，共建繁荣和谐新库区。历经初期阵痛、立志"工业强区"的万州也开始逐步复苏，迎来发展春天。

2006年，山东如意集团响应国家号召，在万州建起了世界级规模的三峡纺织公司。招聘启事刚一发出，便引得成千上万劳动力前去应聘，廖红梅也是其中一员。

城市发展需要产业支撑，也必然推动产业发展。近年来，神华集团、法国施耐德等世界500强企业，江苏大全、湖北宜化、广东雷士等10余个技术含量高、综合效益好的大型项目相继落户万州，让当地形成了新材料新能源、盐气化工、纺织服装、机械电子、食品药品5大产业。国家级的万州经济技术开发区也将在2015年形成千亿元产业规模。

从搬得出到稳得住，再到逐步能致富，库区跨越发展让百姓生活日渐红火，廖红梅家也不例外。2007年，先后换过4份工作的张承洪进入新在万州设厂的长安跨越公司，再次成了按月拿工资的装备工。5年过去，廖红梅两口子的月薪逐步涨到5000多元。

看着晚辈工作稳定，廖红梅的婆婆刘兴轩老人也更舒心了。见到记者来访，老人还主动翻出发放养老保险的存折，"看，每月800元，我的工资也不低哩！"随行的社区干部牟红卫解释道，前几年老人办理了库区淹没农转非移民养老保险，自己一次性缴费6000多元，便可享受优厚的养老金。

从原先的一片荒芜，到搬迁时的"大工地"，再到如今的宜居家园，万州新城越来越大、越来越美。眼下，江南新区建设快速推进，三峡移民纪念馆已经完工，长江三桥也即将开建……

15年间，缘起三峡，库区实现跨越发展，重庆库区经济年均增长12.9%，高出全市同期0.7%。15年间，廖红梅的儿子也从一个褴褓中的婴儿，长成一名马上读高中的小伙子。她常站在家里二楼的窗边，指着对岸依然清晰可辨的老屋痕迹，对这个伴随万州新城长大的孩子，发出感慨：为了三峡，咱们告别故土重建家园，也正因为三峡，咱们才能过上今天的好日子！

——资料来源：刘志强. 三峡库区　产业变强：听移民心声　看重庆万州巨变［EB/OL］. 人民日报，2012-10-04.

【析案例】

没有积极进取的人生态度，再崇高的人生追求也难以真正实现。走好人生之路，需要大学生正确认识、处理生活中各种各样的困难和问题，保持认真务实、乐观向上、积极进取的人生态度。同时，艰苦奋斗是实现理想的重要条件。"人类的美好理想，都不可能唾手可得，都离不开筚路蓝缕、手胼足胝的艰苦奋斗。"一个没有艰苦奋斗精神做支撑的民族，是难以自立自强的；一个没有艰苦奋斗精神做支撑的国家，是难以发展进步的；一个没有艰苦奋斗精神做支撑的政党，它的事业是难以兴旺发达的。三峡移民廖红梅和她的丈夫面对移民后的新生活，并没有做好心理准备，在"工作不好找，日子不好过"的情况下，仍然以积极乐观的心态面对生活，坚持不等不靠，用双手创造未来的原则，通过艰苦奋斗实现了自己的理想，为自己创造出了幸福的生活。

【融教学】

在发展中移民，在移民中发展。有中央大力扶持，有兄弟省市援助，移民百姓齐心协力，共建繁荣和谐新库区。三峡移民廖红梅和她的丈夫以积极乐观的心态通过艰苦奋斗推动了库区经济发展，创造了幸福生活。本案例可用于讲解第一章第二节第二目"积极进取的人生态度"。引导学生认识到只有热爱生活的人，才能真正拥有生活，要相信生活是美好的，前途是光明的，遇事要想得开，做人要心胸豁达，在生活实践中不断调整心态，磨炼意志，形成乐观向上的人生态度。本案例还可用于讲解第二章第三节第一目"科学把握理想与现实的辩证统一"中艰苦奋斗是实现理想的重要条件。引导学生认识到理想的实现必须通过实践才能转化为现实，艰苦奋斗是成就人生事业不可或缺的条件。在通向理想的道路上，在实现理想的过程中，没有艰苦奋斗的精神，理想是不会自动转化为现实的。

【拓思考】

1. 结合自身实际，谈谈当你在学习、生活中遇到困难的时候，你是怎样面对的？

2. 作为新时代大学生，你认为还有必要艰苦奋斗吗？

教学案例六　在移民船上出生的"三峡小移民"

【阅案例】

2019 年 6 月 16 日，记者跟县人民医院退休医护人员吴新华、张军一起来到三峡移民杨渝苏家里，看望杨渝苏。2001 年，杨渝苏诞生在父母迁移来如东的三峡移民船上。时光荏苒，现在的杨渝苏已出落成大姑娘，并被南通航运职业技术学院录取为大一新生。

看着当年刚出生的小生命现在已经成为一名大学生了，吴新华和张军紧紧拉住小渝苏的手，特别开心。县人民医院退休医护人员张军告诉记者，当时医院妇产科主任吴新华带领医护人员去江心接这个孩子，她还是个新生儿，一晃都快 19 年了。

今年 5 月，杨渝苏被南通航运职业技术学院管理信息系报关与国际货运专业提前录取。这两天，趁着假期在家，杨渝苏忙着帮奶奶分担家务，孩子的贴心懂事也让奶奶特别开心。奶奶告诉记者，自己的儿子、儿媳和女儿都只上过初中，很早就走上社会工作。渝苏是家里的第一个大学生，孩子有出息，一家人都特别高兴。

自从来到如东，杨渝苏一直没有回过老家重庆，现在她能熟练地说着一口如东话。虽然爸爸妈妈一直都在浙江义乌打工不在身边，但是杨渝苏一直很勤奋懂事，她说她不会忘记第二故乡人民的深情，一定努力学习，打好基础，将来为如东建设贡献自己的力量。

近日，杨渝苏加入县宾山社会工作发展中心，用行动实践自己回报社会的愿望。

"我从小就受到社会各界的关注和帮助，现在我长大了，也希望通过我的行动，来回馈这个社会。"自从进入大学以后，杨渝苏一直热心于公益服务活动，今年寒假，她从微信公众号上了解到宾山义工社会服务中心，便萌生了加入这个组织的想法。近日，经过义务服务知识培训和登记注册，杨渝苏正式成为一名社区义工。

在宾山居家养老服务站，杨渝苏遇到了两位马塘中学的学弟学妹，他们也是宾山义工的成员，在他们的带领下，杨渝苏很快熟悉了站内的环境。在治疗室，她跟着老师学仪器的操作使用，问治疗者的体验感受，很快融入了服务氛围。给独居老人整理家庭卫生，陪伴聊天是义工的正常功课，在独居老人于志娟家中，杨渝苏陪着老人聊天唠嗑，很快两人就成了朋友。不知不觉一天的义务服务结束了，杨渝苏说："参加了这次义工服务，让我了解到，这个社会上需要关注的人还有很多。以后我也会多多抽出时间来陪伴老人，也多多参加这类的义工活动。"花亦峰是县宾山社会工作发展中心理事长，他说，经过一天的观察，他认为杨渝苏是一个乐于奉献、做事比较细腻的学生，"希望她在以后的服务过程当中，做一名合格的志愿者，奉献社会。"

——资料来源：吴文军，孙斌．移民途中出生的杨渝苏考上大学［EB/OL］．如东日报，2019-06-24．

【析案例】

一代人有一代人的责任和担当，青春的底色永远离不开"奋斗"两字。正如习近平总书记所说："现在，青春是用来奋斗的；将来，青春是用来回忆的。"我们现在享受的幸福生活，是一代又一代前辈接力奋斗创造的。人世间的一切幸福都需要靠辛勤的劳动来创造，追求幸福的过程就是不满足于现状、不断追求和创造更美好生活的过程。我们要享受眼前的幸福，更要不断奋斗，创造未来的幸福，在奋斗中创造幸福人生。今天仍然是奋斗者的时代，书写新的辉煌业绩离不开新时代的奋斗者。新时代呼唤新使命，新使命需要新担当。青年是标志时代的最灵敏的晴雨表，时代的责任赋予青年，时代的光荣属于青年。新时代的大学生应当砥砺奋斗、锤炼品格，释放火热青春的奋斗激情，彰显有志青年的人生价值。最小三峡移民杨渝苏通过自己的勤奋努力考上大学，并立志将来要为如东建设贡献自己的力量，体现出了新时代青年的责任担当与奉献。

【融教学】

最小三峡移民杨渝苏从当年刚出生的小生命到现在已经成为一名大学生，孝敬长辈，帮奶奶分担家务，有远大志向，立志将来要为如东建设贡献自己的力量。本案例可用于讲解第二章第三节第三目"为实现中国梦注入青春能量"。引导学生认识到要立鸿鹄志，做奋斗者。有志者，事竟成；有大志者，人生事业才能辉煌。志向高远，就是要放开眼界，不满足于现状，也不屈服于一时一地的困难与挫折，更不要斤斤计较个人利益的多少与得失。青年志存高远，就能激发奋进潜力，青春岁月就不会像无舵之舟漂泊不定。三峡移民杨渝苏就立志将来要为如东建设贡献自己的力量。本案例还可用于讲解第五章第二节第一目"传承中华传统美德"中强调的要注重人伦关系，重视道德义务。中华传统美德一个重要的特点，就是非常重视每个人在人伦关系中的地位及其价值，强调每个人都必须根据规范的要求来履行自己应尽的义务。通过三峡移民杨渝苏孝敬长辈的事例让学生认识到道德义务的重要性。

【拓思考】

1. 作为新时代大学生，谈谈实现中华民族伟大复兴应当肩负的责任。

2. 结合自身实际，谈谈新时代大学生如何传承中华传统美德？

教学案例七　三峡移民小山村的大变样

【阅案例】

湖北省宜昌市夷陵区的许家冲村，位于三峡水利枢纽工程坝头库首，总面积6.87平方千米，全村608户共1448人，其中三峡工程坝区移民、三峡水库库区移民占90%。在当时搬迁之初，由于土地等生产要素的缺失，移民们的就业和生活都发生困难，不少人靠拿政府补助金艰难生活着。

不过就在这些年，这个移民小山村发生了巨大的变化：

村里开设了民俗文化产业公司，年产值约1000万元，员工年收入达3.5万元；

公司创始人当选省人大代表、全国妇女代表，更在前几天荣获了"全国三八红旗手"称号；

此外，村民们还通过开设农家乐、民宿来带动旅游业发展，闯出一条三峡移民的小康之路。

这些变化里，有当地村民们顽强拼搏的"移民精神"，更饱含静安社会组织以公益心参与当地精准帮扶的满满深情。

引入"公平贸易"理念公益扶贫

上海乐创益公平贸易发展中心（简称"乐创益"）是中国第一家在民政部门登记的致力于公平贸易的公益组织。作为枢纽型社会组织，静安区社联会通过对"乐创益"的关注，在了解"公平贸易"理念后发现，这个理念可以为静安扶贫工作注入新的内涵——公平贸易，指以提供更公平的交易条件以确保那些被边缘化的劳工及生产者的权益为基础的贸易活动。

2014年7月，在静安区政府合作交流办、区工商联支持下，区社联会联合"乐创益"、区光彩事业促进会等社会组织赴静安对口支援地区之一的湖北省宜昌市夷陵区许家冲村开展深入调研。

在和当地村干部、村民的座谈会上，"乐创益"创始人陈乐丛了解到当地的两个特色：一是"长江瑰宝水中熊猫——中华鲟"的故乡；二是长江江边生长丰富的野生"艾草"。她提议将两者结合设计成有故事的手工艺品，这个手工艺品可以成为符合公平贸易原则的产品。

由于移民们不懂产品设计，也不懂如何制作产品。陈乐丛通过招募志愿者来设计旅游产品，最终请到故宫文创产品设计师曹小兰设计的具有地域性、纪念性、观赏性、保健性特色的中华鲟艾草布艺挂件玩偶。

同时，陈乐丛还邀请欧盟"蓝草"项目成员、湖南省凤凰县苗绣手工艺人吴梅青来到许家冲村，为移民妇女开展绣花培训，带领村民们一起制作牵牛花刺绣产品。此外，还组织移民妇女代表到上海参加培训，学习"中华鲟"手工艺制作，了解公平贸易知识、DIY 行业知识和互联网营销等内容，以点带面提升技能，从移民群体中培训出一批具备制作"中华鲟"手工艺品技能的员工。

"创业明星"带领大家绣出致富路

培训中，许家冲村的一名共产党员谢蓉脱颖而出，成为当地创业致富领头人。在夷陵区政府、村委会关心支持下，在区社联会和"乐创益"的帮助指导下，谢蓉创办了宜昌沁邑民俗文化产业发展有限公司。在创业的过程中，谢蓉乐于奉献和开拓进取的精神得到大家赞誉，当选为全国妇女代表、湖北省第十三届人大代表等，并在几天前荣获"2020 年度全国三八红旗手"称号。

每每有人来到许家冲村参观宜昌沁邑民俗文化产业发展有限公司产品陈列室时，谢蓉总爱拿出这款中华鲟的挂件，她说，这款旅游产品是根据这里是"中华鲟"故乡的考证，由上海社会组织帮助设计开发的，里面填的是生长在长江边的野生艾草……产品的独特设计得到许多人的赞许。

2016 年，该产品成功申请专利，获得"夷陵区十大特色旅游商品""宜昌市旅游产品设计大赛"银奖、"湖北礼道旅游商品创意设计大赛"工艺品日用品类最高奖金奖，并作为特色礼品赠送给在宜昌举办的 2017 世界超级模特大赛全球总决赛获奖选手。

为了帮助公司进一步扩大经营规模，在陈乐丛的推荐下，宜昌沁邑民俗文化产业发展有限公司与一家产品设计公司（阿卡手工）开展深度合作，进一步丰富产品的种类，增加产量，公司的年销售额得到快速提升。2020 年，公司产值近 1000 万元，现有员工 70 多人，每位员工的收入在 3 万至 3.5 万元。

激发脱贫攻坚的"社会活水"

6 年前，许家冲村没有一家农家乐。"乐创益"的精准扶贫，启发部分移民开始尝试经营农家乐，并且有了不错的营收。6 年的运作中，移民们开始慢慢理解和接受公平贸易的思维，他们在启动建设民宿的时候，也将公平贸易的运作逻辑融入其中，资金由部分村民集资，采取协作管理的方式。民宿在 2017 年 5

月投入运营，合作社的组建还在推进过程中。

记者了解到，三峡移民项目的成果也带动"乐创益"自身的"去远乡学手艺"项目。该项目鼓励旅游爱好者在乡村旅行途中向手工艺人学习传统的手工技艺，并以公平贸易原则支付合理的学费给手工艺人。2017年年底，该项目入围团中央"全国青年社会组织公益创投大赛"50强。

区社联会表示，静安区社会组织对许家冲村扶贫的成功案例充分证明"精准扶贫、扶贫扶志、扶贫扶智"的正确性。社会组织参与扶贫工作不仅是对政府扶贫工作的有益补充，社会帮扶资源和贫困人口帮扶的有效对接，还有助于营造全社会参与脱贫攻坚的良好社会氛围。下一步，静安区社会组织将积极响应号召，为长江经济带的发展继续做出社会组织新的更大的贡献。

——资料来源：上海静安. 三峡移民小山村的大变样［EB/OL］. 静安区政府合作交流办，2021-03-10.

【析案例】

在当时搬迁之初，由于土地等生产要素的缺失，移民们的就业和生活都发生了困难，不少人靠拿政府补助金艰难生活着。在这种情况下，移民们没有放弃，而是辩证对待人生中遇到的这些矛盾，在逆境中奋斗，需要付出更大的努力和更多的艰辛才可能成功，但也会有顺境中难以得到的获得感和成就感。逆境的恶劣环境，对于挑战者而言，可以磨炼意志、陶冶品格、积累战胜困难的经验、丰富人生阅历，使其更加积极乐观地面对生活。在困难面前，移民们敢于创新，通过引入"公平贸易"理念公益扶贫、"创业明星"带领大家绣出致富路等项目，积极改变现状，带领移民们脱贫致富。由此可以看出，创新是新时代的迫切要求，是一个国家、一个民族发展的重要力量，也是推动人类社会进步的重要力量。通过自主创新，让三峡移民小山村发生了巨大的变化，让移民们都过上了幸福的生活。

【融教学】

三峡移民们最初在就业和生活上都发生了困难，不少人靠拿政府补助金艰难生活，在这种困境下，移民们没有放弃，而是积极应对。本案例可用于讲解第一章第三节第一目"辩证对待人生矛盾"。引导学生认识到顺境和逆境是人生历程中两种不同的境遇，处低位而力争，受磨难而奋进，这是身处逆境的学问，要以"踏平坎坷成大道，斗罢艰险又出发"的顽强意志去战胜一切艰难险阻。

在人生旅途中没有永远的顺境，也没有永远的逆境。因此，无论是顺境还是逆境，对人生的作用都可能是双面的，关键是怎样去认识和对待它们。只有善于利用顺境，勇于正视逆境和战胜逆境，人生价值才能够实现。后来，三峡移民们通过创新创业走上了致富之路，可用于讲解第三章第三节第二目"改革创新是新时代的迫切要求"。引导学生认识到改革创新是当代中国最突出、最鲜明的特点。大学生富有想象力和创造力，是改革创新的生力军，要在改革创新的实践中奉献祖国、服务人民、实现价值。让改革创新成为青春远航的动力。

【拓思考】

1. 人的一生中总会遇到各种各样的困难和挑战，青年学生如何正确认识和处理人生矛盾？

2. 结合自身实际，谈谈青年学生应如何走在改革创新的时代前列？

教学案例八　113 万三峡移民告别故土换来"照亮半个中国"电力

【阅案例】

113 万移民告别故土，拆毁近 3500 万平方米的房屋，迁建上千家工矿企业，淹没 30 多万亩农田……换来的是三峡工程的顺利建设、长江下游的岁岁安澜和"能照亮半个中国"的电力。

1992 年，全国人大通过了建设三峡工程的决议。三峡工程采取"一次开发、一次建成、分期蓄水、连续移民"的建设方式，水库淹没涉及湖北省、重庆市的两座城市、21 个县。这意味着，从 1998 年到 2009 年，每年平均移民 10 万人左右。

一位外国首相感叹："世界上百万人口以下的国家有 20 多个，百万移民，相当于搬迁一个国家。"此前世界上最大的水电站伊泰普水电站的移民仅为三峡工程的 1/30，大规模外迁移民是三峡工程的首创，没有先例可循。

对于三峡移民来说，较之于物质的割舍，更难的是情感的割舍。为了清库，万州区武陵镇禹安村 65 岁的董生芬老太太，含泪砍倒了 40 年前她和丈夫亲手栽种的定情树。巫山县培石镇培石村谭成栋的父亲临终前说："我要葬在江边，听着江水声，才睡得踏实。"但为了三峡库区水质，谭成栋给父亲迁了坟，仅这个镇，15 年内就要迁坟几百座……

为了改善三峡移民的生活水平，中国政府决定三峡移民实施"开发性移民"——在移民中发展，在发展中移民，吸取历史上水库移民生活水平下降的教训，确保移民"搬得出、稳得住、逐步能致富"。

重庆市涪陵区南沱镇连丰村 1998 年 5 月搬入了库区第一个移民新村，人均耕地降到 0.4 亩。连丰村人家家勤劳调结构，种植笋用竹、龙眼、榨菜 3 大经济作物，如今户户二层小楼房，取代了过去的泥墙土坯。三峡库区的农村，柑橘、草食牲畜、水产养殖、旅游等 4 大产业正在崛起，就地后靠农村移民去年人均纯收入已高于重庆市平均水平。

熟悉的三峡，已成为遥远的故土；陌生的天地，变成了崭新的家园。2000 年秋，外迁移民拉开了序幕，全国 11 个省市先后接收安置三峡库区外迁移民 16 万多人，缓解了库区安置压力。

外迁移民成为最让人牵肠的群体。从山区到平原，由种柑橘、苞谷变成种水稻、棉花，他们开始了新生活。外迁移民得到了各省市的热情欢迎。移民安置点被选在交通方便的地方，给移民的土地是好田好土，移民住宅修得漂漂亮亮，连锅头碗盏燃气灶具都一一齐备，连孩子入学，学校都指派了当地同学结对子帮扶。

据介绍，在所有的三峡移民外迁安置地，都制订了详尽的移民帮扶计划，就是指派当地经济富裕又非常热心的干部，以一对一或二对一的方式结成帮扶对子，帮扶移民的生产生活。

国务院三峡工程建设委员会统计，外迁移民中，60%～70%的家庭至少有一个外出打工，20%从事服务业，三峡移民正在从生产、生活和情感上成功地融入当地社会。

——资料来源：杨维成，刘健，郭立. 113万三峡移民告别故土换来"照亮半个中国"电力［EB/OL］. 新华网，2006-04-06.

【析案例】

在举世瞩目的三峡工程百万移民的伟大实践中激发出来的三峡移民精神，就是党领导人民在社会主义现代化建设事业中丰富和发展民族精神的又一重大成果。伟大的时代孕育伟大的精神。三峡工程不仅产生了中外移民史上举世瞩目的百万移民动迁的壮举，还创造了可歌可泣的三峡移民精神。以爱国、奉献、协作、拼搏、创新为基本内涵的三峡移民精神是以爱国主义为核心的民族精神的继承、丰富和发展，是以改革创新为核心的时代精神的体现和升华，充分彰显了民族精神的精髓。三峡工程的兴建，不仅给库区人民带来了千载难逢的发展机遇和新的期盼，还极大地激发了全国人民振兴中华的热情。当前，我国正处于实现"两个一百年"奋斗目标的历史交汇期，三峡移民精神必将成为激励我们万众一心、自强不息的强大精神动力。

【融教学】

三峡移民精神是中国共产党在新的历史条件下培育民族精神的新成果。当今世界，民族精神已成为衡量一个国家综合国力强弱的重要标志，是一个民族稳定发展、走向繁荣强盛的不可或缺的精神支柱。弘扬和培育以爱国主义为核心的民族精神，是提升全民族整体素质和文明程度的灵魂工程，是引导公民树立正确理想信念的共同价值追求。在5000多年的发展中，中华民族形成了以爱国主义为核心的团结统一、爱好和平、勤劳勇敢、自强不息的伟大民族精神。

中国共产党领导人民在长期实践中不断结合时代和社会的发展要求丰富民族精神。在中国共产党弘扬、培育、丰富和发展民族精神的众多成果中，有一项举世瞩目的新成果——三峡移民精神。本案例可用于讲解第三章第一节"中国精神是兴国强国之魂"。引导学生认识到以爱国主义为核心的民族精神，为中国人民克服艰难险阻、实现中华民族伟大复兴提供了不竭的精神力量，当代大学生要勇担使命，努力做忠诚的爱国者和时代的奋进者。

【拓思考】

结合实际，谈谈为什么中国精神是兴国强国之魂？

教学案例九　移民战线的"老黄牛"

【阅案例】

忠县是三峡库区移民大县之一,任务繁重、工作艰巨、困难重重,杨盛金是忠县移民局副局长,他从事移民工作21年如一日,任劳任怨、埋头苦干,从不叫一声累、从不叫一声苦、甘当一头"老黄牛"。

移民工作牵扯的政策非常多,移民的诉求五花八门,哪些该办,哪些不该办,该办的要怎么办,不该办的需要怎么回复?移民工作面临的矛盾和困难十分突出,杨盛金每天脑袋里想的都是这些问题,连回到家里都没有停止思考过。11月4日,在家里吃晚饭的杨盛金突然冒出一句话:"这个事情不能这样办……"说完杨盛金手中的筷子已经掉落,随即瘫倒在地,之后,他就再也没有醒过来,随后被立即送往忠县人民医院抢救,被诊断为"突发脑出血",于2009年11月8日与世长辞,年仅58岁。

2002年忠县县属部门内设机构实施竞争上岗,全局除杨盛金外没有一人愿意到农安科工作,杨盛金主动申请到农安科,农安科工作艰辛、责任重。自此,他带着干部职工一道,吃苦在前、冲锋在前,负责分管集镇迁建、移民外迁、移民培训和移民后期扶持工作。

"他总是站在最前沿,把最艰苦、最难做的事情总往自己肩上扛。""他把大部分节假日和业余时间用在了工作上,每年工作都在320天以上,常常起早摸黑,深夜十一二点才从办公室回家。"乌杨镇塘土村是三峡库区移民唯一的全迁型岛中村,由于这里土壤肥沃,村民祖祖辈辈种菜卖菜,收入不错,交通方便,当地村民日子非常红火,村民谁也不愿意离开这块儿风水宝地,是全县移民外迁工作中的一块"硬骨头"。杨盛金与53名干部一道进驻该村进行动员。在蚊叮虫咬、缺电、交通不便的塘土坝上,杨盛金一住就是3个月。白天,杨盛金和大家一起帮助移民生产劳动;晚上,杨盛金带着手电筒入户宣传政策,帮助移民解决实际困难和问题。100多天后,全村1259人就外迁了近1000人。全县外迁移民工作中最大的难点被"精诚"化解。"风里来雨里去,一身汗来一身泥,忙碌奔波为移民。"

他用生命践行"移民为先为重"的内涵,认识杨盛金的人,都觉得他脾气好。和他多年共事的同事说,这主要还是源于杨盛金对移民深厚的感情和对工作的认真负责。杨盛金常说:"我们移民干部,大多是农家子弟,都明白故土难离的道理。不要以为自己是在执行国家政策,就态度生硬,要以极大的耐心,为移民摆事实、讲道理,否则,即使移民搬迁了,也不会心服口服。""杨局长是个正儿八经的好干部。"涂井乡移民敖万元说:"我给他装烟,他说每天10点钟才抽;10点钟给他装烟,他又说今天的烟已经抽过了。来检查,我们要给他煮鸡蛋、杀鸡吃,他说'吃了身上发痒,吃了要过敏,只吃红苕稀饭。'"在他带队到新疆劳务试点的火车上,马建平的家属生病了,杨盛金把卧铺让给她……2002年8月,忠县运送任家镇移民外迁到合川十塘镇落户,杨盛金负责运货车队。在合川境内一交叉路口引道指挥时,一辆突然熄火的小车被后面紧跟的货车撞飞,将杨盛金撞到公路护栏中间卡住。杨盛金不顾伤痛,坚持把移民的货物安全送到了安置地。新生镇移民陈宗群现在已是一个年出栏生猪1200多头、出售仔猪500多头的养殖大户。2004年12月,杨盛金到村里看到陈宗群很能吃苦、也有文化,鼓励他发展养殖业带动移民致富。杨盛金帮助出点子、选场址、协调资金,使陈宗群从开始养20头猪逐步发展壮大,还带动了周边近百户移民发展养殖业。涂井乡凤山村100户移民群众种植有成片的优质青脆李,每年能产果20多万千克。三峡二期蓄水后,当地唯一的出入通道水赵桥被淹。在上级尚未下达资金计划的情况下,杨盛金多方筹集资金,促成移民乡镇建造了渡船17艘,修建库周机耕道9千米、人行道11千米,有效解决了群众出行难问题。

21年来,杨盛金从未离开过又苦又累的移民工作,是忠县移民工作的一部"活字典"。杨盛金是移民政策的知心人,政策透不透明,办事公不公平,是移民最关心的事情。与杨盛金共事14年的忠县移民局农安科干部蔡绍东说:"老杨常说,要搞好农村移民安置工作,一定要有过硬的政策理论水平和过细的调查研究。""不熟悉移民政策,就不配当移民干部。"杨盛金随身总是带着笔记本,详细记录着移民资金、移民身份、移民安置办法、移民审批程序、移民规费减免等相关情况。忠县移民局副局长赵厚祥曾经在一个村小学工作,学校附近的几个农民找到他,说他们的房屋在淹没线以下,要求纠正过来,没有想到,赵厚祥把这个情况向老杨一反映,他当即就给出了明确答复。赵厚祥回忆:"老杨说,这几户人家在卫星桥附近,他们的房屋在淹没线上,1992年实物指标调查的时候,高出淹没线二三十厘米的样子"。无论是国家移民政策法规,还是忠县12个移民乡镇以及每个移民户的情况,杨盛金都烂熟于心,了如指掌。

杨盛金用短暂的生命诠释了鞠躬尽瘁的内涵,党和人民永远不会忘记他。杨盛金曾被国务院三峡建委授予"移民外迁先进工作者"荣誉称号,被评为

"重庆市移民党建优秀基层干部"，在三峡移民工程中被荣立三等功。

——资料来源：天涯社区，三峡移民老黄牛［EB/OL］.道客巴巴，2009-11-30.

【析案例】

在举世瞩目的三峡百万移民中，总是啃"硬骨头"，唯独"没有自己"的移民干部，不仅仅是默默耕耘的"老黄牛"，还是移民群众的贴心人。杨盛金同志用感天动地的真情，壮怀激烈的豪情在人们的心中树立起了一座座永远不朽的丰碑。杨盛金同志用尽自己毕生的心血，坚持不懈地奔走在三峡移民战线的最前沿，直至其生命的垂危时刻，最放心不下的还是移民工作，念念不忘的依然是库区搬迁，可见一个三峡移民干部以高度的历史使命感、强烈的事业心、自觉的献身精神，甘当三峡移民工作的"老黄牛"，自己的人生价值完全融汇于波澜壮阔的百万大移民的历史洪流，并为此进行着艰苦卓绝的努力。三峡工程成千上万的移民干部是平凡的奉献者，是百万移民这项前无古人的伟大事业的铺路石。这些全心全意为人民服务的"老黄牛"，终究会载入史册而彪炳千古，永世流传！

【融教学】

本案例可用于第一章第三节"创造有意义的人生"，特别是在讲"正确看待生与死"时可以用杨盛金的案例，感召同学们，个体生命的长度总是有限的，但为人民服务、为人类的进步事业贡献力量是无限的。大学生应努力在服务人民、奉献社会中发掘出生命所蕴藏的潜能，给有限的个体生命赋予更大的意义。

本案例可用于第四章第一节社会主义核心价值观倡导的"敬业"和第五章第三节"职业生活中的道德规范"时可用该案例，引导同学们要认同自己的职业和工作，在以后的工作中要有全身心投入的敬业态度和精益求精的工匠精神，做到干一行爱一行，爱一行钻一行，对工作能够认真负责，保持发扬为民服务的老黄牛精神，能够自觉践行社会主义核心价值观，用杨盛金同志这种高尚的品格鞭策自己，恪守职业道德。

本案例适用于第五章第一节"坚持以为人民服务为核心"知识点的讲解。杨盛金在移民工作第一线倾情投入，他从事移民工作的21年如一日，走村串户、跋山涉水，诚心诚意倾听移民意见、苦口婆心宣传移民政策、一心一意解决移民难题，用真诚实意打动人心、用满腔热情攻坚克难，任劳任怨、埋头苦干，从不叫一声累、从不叫一声苦、甘当一头老黄牛，用行动诠释了共产党人的初心使命，充分践行了共产党人全心全意为人民服务的根本宗旨。杨盛金是全心全意为人民服务的代表，值得我们缅怀和学习。全心全意为人民服务是全体中国人民共同遵循的道德要求，也是中国共产党践行的根本宗旨，引导学生自觉积极地为人民服务、为社会服务，弘扬杨盛金同志为人民服务的精神，通过不同的形式和不同的层次表现出来，为人民、为社会、为国家多做贡献，把自身利益同国家和人民的共同利益结合起来。

【拓思考】

1. 作为大学生，结合自身实际，谈谈你该如何为人民服务？

2. 从移民老干部杨盛金身上，有哪些宝贵的品质值得你去学习？

教学案例十 三峡外迁移民第一人徐继波

【阅案例】

徐继波是三峡外迁移民第一人，2003 年 1 月被评为三峡工程库区农村外迁移民先进个人。

1999 年 5 月，党中央、国务院对三峡农村移民安置政策做出重大调整，鼓励外迁。由此拉开了三峡库区外迁移民的序幕。

徐继波是云阳县南溪镇人。1999 年 12 月，当地党员干部苦口婆心动员徐继波外迁时，他一度有抵触情绪。2000 年 4 月，徐继波作为移民代表被安排到上海崇明岛实地考察。他亲眼看见安置地为移民修好的房屋、划出的土地，还看见承包地上的水稻都已被当地党员干部帮忙种上了。热情的上海市民还给他来信，真诚欢迎他来上海生活。当地党委政府和人民群众的关心和热情，也让徐继波深受感动，思想发生了巨大转变。为响应国家号召，即使离乡背井，也是心甘情愿。于是，他第一个站出来报名外迁，还积极协助移民干部动员乡亲外迁，支持国家建设。外迁前夕，他向南溪镇党组织递交了入党申请书，成为一名入党积极分子。

徐继波家 8 兄妹全都是移民，但只有他这个老四是外迁移民。在外迁前一天晚上，徐家举行了一场"不许哭"的家庭欢送晚会，晚会一直开到深夜 12 点，最后兄弟姊妹还是抱在一起痛痛快快哭了一场。有梦就别怕痛，虽然当时真不知道外迁未来是什么，但徐继波跟家人和所有移民兄弟说，只要我们勤劳、肯干，就一定能在大城市落地生根，一定会在这片土地上活出幸福！

2000 年 8 月 13 日清晨，徐继波在老屋旁黄葛树下照完全家福、撬下门牌号、祭拜祖坟后，挖起一棵黄葛树苗，带着老婆和两个尚未成年的女儿，告别所有的亲人，带着三峡人的乡愁走出家门。随后，徐继波一家 4 口和 600 多名移民一道，在云阳港登上"江渝 9 号"轮船，出发前往上海。17 日一早，他捧着从家乡带来的黄葛树苗，第一个下船踏上了崇明岛。外迁到上海后，徐继波很快成长为一名光荣的中国共产党党员。

他务过农，打过工，现在是上海一家保洁服务公司的道路保洁员，工作稳定，生活美满。全家安定后，徐继波就开始琢磨宅前屋后那些地了。虽然崇明的农作物品种跟老家不完全一样，但徐继波有种田的天赋，在邻里的帮忙下，种植的蔬菜，完全能自给自足。找一份固定的工作，是立足之本。来时徐继波大女儿在初中，小女儿还在小学，家里开销大，仅靠务农是不行的。在方方面面的关心下，徐继波在上海能仁机械厂找到了一份技术活。虽然徐继波人长得矮小，体力活做不过人家，但技术活在行。果然，在师傅手把手教导下，过了没多久，徐继波便成了厂里的技术骨干，到能仁机械厂13年了，现在除了本职工作外，徐继波还兼带厂里的党务工作呢。徐继波小家过得幸福，也反映三峡移民这个"集体"过得幸福，这是全国人民都在关注、关心的生活啊。徐继波家又遇上新城开发建设的好时机，原来的安置房被拆迁后，洗脚离田当上了居民。徐继波家原来的位置在金鳌山公寓那地块，属于崇明新城规划区，2005年拆迁后，徐继波先住了3年安置房，2008年搬到海岛星城居住，现在拥有104平方米和103平方米两套房子。隧桥开通前，上海市市长还到徐继波家来过，他当时问徐继波最大的梦想是什么？徐继波说，最盼望城桥新城开发步伐快一点，崇明生态岛建设速度快一点，当时上海市市长说，等到上海长江隧桥一通车，崇明就是插上腾飞的翅膀了。果然如此，随着上海长江隧桥和崇启大桥贯通，崇明抓紧机遇，发生了翻天覆地的变化。这几年，崇明城桥新城的房子如雨后春笋般"冒"出来，徐继波家小区里人气也越来越旺；徐继波工厂附近的乡间小路，都变成了笔直的白色路面，上班的路越走越顺畅。徐继波的不少头脑活络的老乡，抓住崇明发展的机遇做起了生意，都挣到了大钱，生活比徐继波家更富足！

2013年至今，徐继波连任两届上海市崇明区政协委员。而今，外迁至全国各地的三峡库区移民早已和徐继波一样，落地生根，融入了新家园。徐继波说："我的梦想很简单，希望在老家的母亲和兄弟姐妹们身体健康，平平安安，希望我和我的老婆都有一份稳定的工作，盼望大女儿找到如意郎君，小女儿能有理想工作。我想只要我们勤勤恳恳工作，踏踏实实做人，就一定会过上越来越幸福的生活。""有梦想，生活就会有激情；有梦想，人的心就永远不会老。"

——资料来源：中国三峡工程报. 探访三峡外迁移民第一人 [EB/OL]. 新浪网，2004-09-26.

【析案例】

在百万三峡移民中，有工人，有市民，有干部，有农民。无论何种身份，他们都是平凡的群体。徐继波就是这个平凡群体中的一员，平时也许并不打眼，但是，当国家需要他们为民族的伟大复兴舍弃故土、告别家园、另创新业的时候，他们表现得那么义无反顾，那样的众志成城，那样的真诚坦然，那样的无私与自觉。他们无愧为支撑三峡工程最宏大、最牢固的基石。爱国是具体的。乡情依依，故土难离。徐继波为了支持三峡工程的建设，顾全国家修建三峡工程、造福全国人民和子孙后代的大局，在移民迁建中做出了抉择，毅然决然地举家迁徙。对于徐继波来说，首先是利益的割舍，如祖祖辈辈积累起来的家产、所获得的物质生活条件等。其次是情感的割舍，即长期积淀起来的深厚的故乡情结。到上海后，徐继波务过农，打过工，还连任两届上海市崇明区政协委员，但无论身份怎么变化，三峡库区是他一辈子无法割舍的依恋，承载着三峡移民难以割舍的故土情结。徐继波一家这种舍小家为大家的做法，充分体现了百万移民的深厚爱国情怀，充分体现了以国家、民族大义为重的宽广胸襟，有舍家报国的高尚情操，徐继波在建设祖国、改造祖国的伟大实践中，用自己的实际行动，进一步丰富了爱国主义的精神内涵，使爱国主义精神在新的历史条件下进一步发扬光大，为爱国主义增添了新的时代内容和光彩。

【融教学】

此案例还可融入第三章第一节第三目"弘扬以爱国主义为核心的民族精神"。爱国主义体现在每个人的日常生活中，中华民族历年来有"国家兴亡、匹夫有责"的优良传统。爱国主义具有强大的感召力和凝聚力，它是百万移民伟大实践取得成功的精神动力和源泉。正是在顾全大局的爱国精神的有力感召下，三峡工程才有今天的辉煌，百万移民才有今天的成就，库区各个方面才有今天的发展与繁荣。顾全大局的爱国精神，是贯穿三峡移民工作始终的一根红线，是三峡移民精神生命活力的"根"。百万移民是顾全大局的爱国精神的实践主体。十余年移民的风风雨雨，把库区人民顾全大局的爱国情怀展现得淋漓尽致，库区儿女用自己的心血汗水铸就了一座顾全大局的爱国精神的世纪丰碑。

【拓思考】

结合实际谈一谈，作为大学生，你应该如何爱国？如何做一名忠诚的爱国者？

教学案例十一 生死关头护移民

【阅案例】

三峡工程是人类创造文明以来，对自然的一次最大规模的，绝无仅有的改变。三峡工程成败的关键在移民，浩大的移民工程，在世界水利史上亘古未有。其工作之复杂，难度之大，史无前例。库区移民搬迁的感人故事，不胜枚举。

库区的水缓缓流，多少往事记心头，说起英雄况守川，谁人不把泪长流。况守川何许人也，何以称之为英雄？况守川是涪陵区百胜镇副镇长，年仅33岁的他，在三峡移民的工作面临生死存亡的关键时刻，把生还的机会留给他人，勇敢地和死神拥抱，献出了年轻的生命。是我们时代的英雄。

1998年12月，31岁的况守川当选为重庆市涪陵区百胜镇副镇长，分管移民工作。百胜镇是涪陵区移民大镇，辖区淹没涉及10个移民村34个农业社1247人。移民任务重、情况错综复杂，摆在年轻的况守川面前的是一个艰苦繁重的考验。面对繁重的移民工作任务，况守川没有退缩。随着移民工作的全面展开，他便全身心融入移民之中，吃住在农家，工作在田间院坝，没日没夜地奔走在移民工作第一线。从分管移民工作开始，就非常重视对理论和移民政策的学习，翻阅熟读有关移民的政策、文件、工作条例，提高自己的政策理论水平。为了顺利推动移民土地调整工作，建立移民资金规范管理制度，况守川放弃了休息日，晴天雨天都在走村串户，与移民座谈展开调查研究，掌握他们关心的热点，把存在的问题亲手拟定了《百胜镇移民工作意见》，提出了移民工作思路，并对问题提出了解决办法。"进百家门，知百家情，解百家忧，排百家难"，胸中始终装着群众，真心关心群众疾苦，况守川赢得了百胜镇村民的一致称赞。

2000年1月20日，百胜镇三丘村移民冉启召家房屋拆迁，况守川靠前指挥。由于土墙房年久失修，拆迁中意外发生了，一面墙突然倒塌，站在土墙附近的一名中年妇女被倒塌的轰响和腾起的灰尘吓慌了神，呆呆地站在原地。刹那间，况守川一个箭步冲上去，推开了吓得六神无主的妇女，而自己却被垮塌的土墙重重地砸倒在地，头部、胸部多处严重受伤，不幸牺牲。消息传出，乡亲悲歌，哭声四起。时年33岁的年轻生命永远离开了他热爱的百胜镇，离开了他热爱的移民事业，把青春、热血、汗水和生命都献给了他深爱的这片土地。

况守川关键时刻把生的希望让给他人，绝不是一时的冲动，而是他长期为党为人民为国家奋斗的优秀品质的集中体现。看看他走过的生命足迹，就知道他在生死关键时刻为什么会这样做！1998年12月当选为百胜镇人民政府副镇长，分管移民等工作。白胜镇是涪陵区三峡移民的大镇，辖30个行政村，4万多人口，其中涉及移民村10个，移民农业社34个，淹没土地面积759亩，淹没人口居住地牵涉到1486人，移民任务相当繁重。有的干部对这块工作望而生畏，可况守川知难而上。他坚信村民们是好样的，尽管部分人对移民搬迁有些思想顾虑和错误认识，那是千年乡情难舍，百年故土难离的情愫，放在谁的头上，思想都有个转弯的过程。只要用党的政策宣传群众，发动群众，最终村民都能以国家和民族的大局为重，顺应时代发展的潮流，顺利搬迁。政策是工作的先导。

舍小家，为大家。就是这位心系移民的好干部，勤政务实、关心群众，为人民群众排忧解难，却对自己的家人满是愧疚。结婚10多年来，他很少陪妻子逛过街；妻子生小孩，他匆匆赶回来看了一眼，又立即返回移民工作第一线；家人生病住院，他没有时间照顾陪伴……当他面对家人埋怨时，况守川总是抱歉地跟家人说"对不起"。为了干好移民工作，况守川不知和家人说了多少次"对不起"。在小家与大家之间，况守川明白，"家人需要他，百胜镇1247位移民更需要他！"

况守川去世后，他的妻子田英特地买了一只箱子，将况守川做移民工作以来所获得的各种奖状、证书和很多物品收藏起来做纪念。田英说，"守川是好样的，他是我们一家的骄傲"。2009年，"三峡移民精神颂"展览会在中国国家博物馆举行，况守川同志的事迹感动了所有人。况守川同志英年早逝。他的一生是短暂的，也是光辉的，获得涪陵区优秀共产党员、重庆市文明市民20多项荣誉称号。移民局的领导在况守川同志的追悼会上，对他做了高度评价："况守川同志全心全意为人民服务的工作作风和无私奉献的精神，留给了我们一笔宝贵的财富。"

——资料来源：重庆晚报．为移民干部葬身洪水中［EB/OL］．搜狐新闻，2006-04-06．

【析案例】

三峡百万大移民是项规模浩大的社会重建工程，其迁建任务之繁重、安置工作之复杂乃世所罕见。该案例讲述了三峡移民干部况守川的事迹，一名普通移民党员在移民工作中"身先士卒，身体力行"，勇做排头兵和铺路石，用自己的真情和心血，用在移民工作中燃烧自己所发出的光和热，塑造了新时期人民公仆的高大形象，正是有无数这样党员的参与，才使充满无数艰难和挑战的三峡移民工作得以顺利推进。这个普通的移民干部，以忘我的精神，扎实的工作态度，在人世间立下一座永不褪色的丰碑，为三峡工程和移民工作做出的独特奉献将永载史册。我们不得不为况守川那股罕有的精神力量而深深震撼，这股罕有的精神力量源自三峡百万移民为国而做出的悲壮牺牲，来自干部群众为公而做出的无私奉献。这些故事还让我们见证了伟大精神之于伟大事业的巨大能动作用。同时它也用鲜活的事实向我们昭示了："舍己为公的奉献精神"是三峡移民精神的根本。

【融教学】

本案例可适用于第三章第一节第三目"实现中国梦必须弘扬中国精神"知识点。三峡移民精神蕴含团结协作和万众一心等精神品质，构成新时代凝聚民族复兴的磅礴伟力。建设社会主义现代化强国，实现中华民族伟大复兴，更加需要传承好、弘扬好万众一心的协作精神。三峡移民精神中的舍己为公的奉献精神，既是对中国共产党革命精神的继承，又是在改革开放背景下的精神超越与实践升华。案例中况守川身上所蕴藏的精神力量，是我们党接续奋斗的动力源泉，是中国共产党人赓续始终的血脉，是对中华优秀传统文化精神要素的时代传承和开拓创新。在新时代，传承与弘扬舍己为公的奉献精神，需要引导大学生坚守和大力弘扬三峡移民干部所践行的舍己为公的奉献精神和开拓开放的创新精神，自觉将个人发展与社会进步和民族复兴伟业结合起来，将个人之"小我"融入国家发展之"大我"之中。最大限度地凝聚社会共识，营造万众一心、通力协作、共谋发展的良好社会氛围，构筑共谋中华民族伟大复兴的最大同心圆，汇聚起亿万民众建设社会主义事业的磅礴伟力，把传承与弘扬三峡移民精神作为一种担当和责任。

本案例还适用于第一章第三节第一目"正确看待生与死"知识点的讲解。对于每个人来说生命只有一次，才更显示生命的宝贵，如何对待生与死，直接影响一个人的生活。在三峡百万大移民工作中，有许多移民干部像况守川一样，倒在移民工作的第一线，他们把自己有限的生命融入三峡移民的伟大事业中，用熠熠的生命之光，照亮了三峡移民干部舍己为公、甘于奉献的生命历程，他们，成为令人肃然起敬的时代英雄。况守川的案例，能够引导大学生正确认识到个体生命的长度是有限的，但是为人民服务、为人类进步事业贡献力量是无限的，大学生应该投身民族复兴伟业中发掘生命蕴藏的潜能，给有限的个体生命赋予更大的意义，实现自己的人生价值。

【拓思考】

人的一生中会遇到各种困难和矛盾，况守川的事迹，对你有何启示？

教学案例十二　感动中国的三峡移民

【阅案例】

"这是一次艰辛而动人的命运大迁徙，这是一场气壮山河的家园大重建，这是一部凤凰涅槃的创业改造史。"重庆市档案馆工作人员郭若兰带领我们重温那段历史。

1992年4月3日，全国人大七届五次会议通过了关于兴建三峡工程的决议。工程采取一级开发，分期蓄水，连续移民的建设方案，到2009年全面建成。三峡工程淹没库区涉及湖北、重庆两省市，最初计划到2009年三峡工程建成时，动迁城乡居民103.79万人，后来经过调整，三峡库区移民总量超过130万人，其中重庆动迁移民113.8万人。"建设三峡工程，能根治长江水患，并发挥其巨大的电力、航运效益，是国人的百年梦想。"淹没库区涉及范围广、人口多，移民能否"搬得出"成为三峡工程成败的关键。

1994年12月14日，世界最大的水利枢纽工程——三峡工程，在湖北省宜昌市三斗坪正式开工。吴淞高程175米水位线，是三峡工程划定的最高蓄水位。在这条水位线下，湖北省和重庆市20个区县、632平方千米土地将沉入库底。

从1995年三峡移民搬迁安置工作全面启动，到2006年6月20日最后一批三峡库区外迁移民落户合川，10余年间，130余万三峡库区儿女为修建三峡工程让路搬迁。徐继波、杨祥国、谭德训、陶维明、苏绪仲……他们，成为百万三峡移民的优秀代表。

2000年8月，在重庆市云阳县南溪镇，不是过年，却有许多村民家庭不约而同地办起了团圆宴。因为，他们即将告别故土和亲人，移民外迁千里之外的上海市崇明岛。也是在8月，故陵镇最高寿的老人，95岁的杨祥国，在老屋吃过最后一顿团圆饭后，带着一家5代29人的大家庭，在儿孙的搀扶下，颤颤巍巍地登上离开故乡的移民专船。杨祥国和他的子孙们，将和800多名移民一道，前往江苏省大丰市（今江苏省盐城市大丰区）安家落户。他们，成为三峡库区第一批外迁移民。多情自古伤离别，当运送移民的轮船启航的汽笛拉响的时刻，大家依依不舍、互道祝福。轮船起航时，船长破例答应移民，绕着故乡的山水转了3圈，让所有移民与岸上数百名送行的亲友们挥泪作别……

三峡外迁移民，来自长达300多千米的三峡库区。原开县（今开州区），是三峡库区淹没范围离长江最远的一个县。2004 年 8 月 23 日清晨 6 点，三峡百万移民中规模最大的一次外迁行动，就在开县县城开始了。来自汉丰、丰乐和赵家 3 个镇，总共 1700 多人，汇合形成了一支由 53 辆大巴组成的庞大移民车队。长长的车队盘旋在开县到万州码头 80 千米长的山路上。中午时分，装满了开县移民的 5 艘江轮，缓缓地离开了万州码头，带着他们越过三峡大坝，移民们第一次见到了三峡工程雄伟的建筑。沿着长江，他们带着对未来的憧憬奔向安徽省的新家园。

无论是徐继波、杨祥国、谭德训、还是移民途中出生的最小移民杨渝苏，正是他们，构成了当代中国一幅波澜壮阔的人口迁徙画卷，定格在历史的长河中。在我旁边的这座青铜雕塑《三峡明天会更好》，由 16 位人物形象组成，生动诠释了百万三峡移民的牺牲奉献精神，曾在北京参加"三峡移民精神颂"展览。

在搬迁过程中，一位骑坐在父亲肩上的小男孩，努力向上挥舞着手中的纸飞机，表达了对未来的美好向往；旁边的移民干部扶老携幼，默默支撑着移民前行；雕塑背后有一位母亲哺乳的场景，寓意生生不息和新的希望；临行前，移民们带上石磨、锄头、刨子等家乡的生产工具，寓意他们在到达新家园后，迎难而上、自力更生……群雕生动刻画了百万移民"告别故土、奔赴新家"的感人景象。

"回头一望泪长流，望我家园情幽幽。"自工程开建以来，库区人民无私奉献，毅然"舍小家、顾大家、为国家"。有的离开肥沃的土地向后靠，把新家建在贫瘠的山梁台地上，更多的人离乡背井，揖别祖祖辈辈居住的故园，带着家乡的泥土，远赴十几个省区市重新安家。在大江奔涌的激流中，库区儿女又为大江增添了舍家为国、义无反顾的壮阔波澜。他们，一个又一个、一家又一家移民们，舍弃的是小家，为的是民族、是国家。在未来漫长的岁月里，百万大移民，我们只能从这些档案中找寻他们留在家乡的最后的身影和消失的家园，但留下的却是一部感动中国的影像长卷。

在党中央"一盘棋"的引导下，各地对接纳三峡移民工作都做了详尽的安排，移民在移居地迎来了新生活。正是因为有了广大移民的奉献、牺牲，有党和政府坚定维护移民的利益，三峡百万移民"搬得出"的目标才得以如期实现。同时，围绕"稳得住、逐步能致富"的目标，进入三峡工程后续规划建设阶段。

　　——资料来源：向珊．感动中国的三峡移民［EB/OL］．微万州公众号，2021-05-24．

【析案例】

中华民族 5000 多年的悠久历史，是一部在艰难困苦环境中的创业史、奋斗史和发展史。该案例讲述了自工程开建以来，库区人民无私奉献，毅然"舍小家、顾大家、为国家"，有的离开肥沃的土地向后靠，把新家建在贫瘠的山梁台地上，更多的人背井离乡，离开祖祖辈辈居住的故园，带着家乡的泥土，远赴十几个省区市重新安家。正是这样一群以百万三峡移民为主体的平凡的人们，创造了彪炳千秋的伟大的三峡移民精神。"群众是真正的英雄"，才见证了这个普通平凡群体的伟大。我们的事业需要壮举、需要英雄，但我们更需要亿万支持民族复兴大业的普通民众。三峡百万移民以及库区内外的干部群众，在巨大的挑战面前，在困难的条件面前，充分体现出了一种"艰苦创业的拼搏精神"，唯有他们担起"天下兴亡"的匹夫之责，民族的脊梁才会坚挺，民族的复兴与强盛才有希望，这种精神，渗透在参与三峡移民的每个人的身上，贯穿在整个三峡移民过程的始终，是三峡移民精神的关键所在。

【融教学】

该案例可用于第二章第二节"坚定信仰信念信心"知识点的讲解。三峡移民工作的顺利展开，既反映了我国政府和人民充分发挥社会主义制度的优越性，齐心合力办大事的气魄和行动；又是党和政府关心人民福祉，全心全意为人民服务的具体体现。在党中央"一盘棋"的引导下，各地对接纳三峡移民工作都做了详尽的安排，移民在移居地迎来了新生活。正是因为有了广大移民的奉献、牺牲，有党和政府坚定维护移民的利益，三峡百万移民"搬得出"的目标才得以如期实现。实现中华民族伟大复兴，需要青年人矢志奋斗。引导同学们要做到生逢其时、肩负重任，应志存高远、脚踏实地，切实增强对共产主义的信仰，增强对中国特色社会主义的信念，增强对实现中华民族伟大复兴的信心，把个人理想追求融入党和国家的事业中。

该案例适用于第三章第一节第三目"弘扬以爱国主义为核心的民族精神和以改革创新为核心的时代精神"知识点的讲解。教师可通过本案例，让学生了解三峡移民工作的顺利展开的基本情况，引导学生深入理解广大党员移民干部以对党和人民高度负责的态度，主动担当起三峡移民的使命与责任是如何体现中国精神的。在教学过程中，教师需注重引导学生理解以爱国主义为核心的民族精神和以改革创新为核心的时代精神的重要内涵，以及二者的辩证统一性。可组织学生交流讨论还有哪些三峡移民人物的事迹体现了中国精神，中国精神在我国发展过程中有着怎样的重要作用，等等。

【拓思考】

1. 作为大学生，你如何看待共产主义远大理想信念?

2. 中国精神在我国发展过程中有什么样的作用? 并列举你所知道的三峡移民人物的事迹体现了哪些中国精神?

教学案例十三　领着乡亲奔小康

【阅案例】

三峡工程百万大移民中，地处三峡库区腹心的万州，动态移民 263 万人，居库区各移民区县之首，是三峡库区移民人数最多、移民任务最重的城市。

其中有一位移民叫冉振爱，他是重庆市万州区新田镇五溪村村委会主任，属于三峡库区就地后靠安置移民。也是 2008 年北京奥运火炬万州传递的火炬手。20 多年前，冉振爱不等不靠，带领乡亲们率先移民搬迁，从水土丰沃的长江边搬到乱石林立的荒坡"黑儿梁"，和村民一起开荒建果园，发展林果经济，使昔日的荒山坡变成了今天的幸福家园。

1993 年，三峡水库移民搬迁启动，位于长江边上的五溪村纳入二期移民搬迁范围。江边的好田好地面临全淹的情况，剩下的全是荒山荒坡。就近后靠搬迁安置，怎么生活呢？村民们似乎有些措手不及，疑惑不已。村背靠大山、面临长江，人均土地仅有 0.6 亩。三峡大坝建成后，处在江边的良田熟土将被淹没，差不多就只剩下荒山荒坡了。所以后移建新房就不能再占好田好地。他只能选择那个只长石头的"黑儿梁"。作为村委会主任的冉振爱第一个响应搬迁，在两千米外的乱石岗"黑儿梁"建房安家。冉振爱一再告诉乡亲们，"黑儿梁"虽然土壤贫瘠，但地势开阔、蓄水后还是紧邻江边，适宜种植果树，将来全村还是能过上好日子。

有人说："黑儿梁，乱石岗，坡坡坎坎草不长。"解决后靠安置移民的生存、致富，只有在有限的土地上调整产业结构。真想要在这里建房安家、种果树，谈何容易。一家人起早贪黑忙上一整天，也不过整理出"巴掌大"块地，累可以忍，痛也可以忍。可老天爷的捉弄就无可奈何。开工不到一个月，一场秋后绵绵雨淋得人心发慌。有一天，他和父亲干活干到伸手不见五指，累得全身发软，连衣服也没脱，倒在简陋的帐篷里，就呼呼睡着了。突然，听见他父亲的惊叫声："冉老大，快起来，雨下大了！"睡得太沉的他睁开眼睛，才感觉全身发冷，借着父亲的手电筒光线，才发现帐篷也被风吹垮在一边。黑夜中，只能看见父亲哆嗦的影子，还听到他一声声的叹气。这里建房真是太难了！他真的不想搬了！可又一想，他没有给三峡工程做大贡献，但也绝不能"拖后腿"，再难也要搬！现在，村里淹没区的移民都先后搬迁，建了新房。江水每涨一截，吞掉的是金子般珍贵的良田熟土，所剩的多是荒山荒坡。

作为村主任，冉振爱一边筹钱建房，一边托人从成都引进优质水蜜桃、龙眼等，硬是用双手把一块一块的荒山变成果林。准备在全村发展果树。浙江农业大学为了支援库区，他们来到村上，帮他们村建起了"新品种试种基地"，他决定引进"梨"和"桃"等新品种，将果园扩大到300亩以上，可是遭到了家人的反对。他母亲说："现在的果树一年可以卖个几万块钱了，人呀！要知足，不值得冒那么大的风险。万一搞砸了，背一身债，一家老小怎么过日子啊？"虽然遭到了母亲的反对，但他决心已定，任何人也别想阻拦他，就是一百头牛也拉不回了。气得他母亲收拾东西流着眼泪搬到在万州城的弟弟家去了。这一去，整整1年，可是在他的带动下，村里的果园逐渐成形了。张明田的桂圆已挂果卖钱了；徐世华靠卖水果供出了1个大学生和1个高中生，并建了新房还了债；晏永昌、幸世伟等成了远近闻名的水果大户。这是肩挑背磨、披星戴月才建起来的致富路！3年后，冉振爱家的房前屋后果树成林，1年增收3万多元，成了全村的移民致富榜样。

吃水不忘挖井人，致富不忘众乡亲。先富起来的冉振爱，又为五溪村人梦寐以求的"幸福村"奔忙起来。1997年，冉振爱多方取经，引进了一种优质桂圆品种，产量高、果实大，很适合大规模种植。冉振爱挨家挨户做工作，给村民们讲种植、谈销路，劝说他们种植果树。一些村民担心有风险，不愿意种。村民徐海华对冉振爱说："我才不种那东西呢，不晓得多少年才能挂上果。"冉振爱把果苗送到老徐家，可他一转身，老徐就把苗子扔到地上。冉振爱索性死守在老徐家的承包地头，给他算将来果树的收益账，老徐勉强种下20多株。几年下来，仅这些果树每年就能收入2000元。从此以来，徐海华逢人就说冉主任有头脑、有远见。就这样，冉振爱带着乡亲们硬是在"坡坡坎坎草不长"的荒山坡上建起了果园。如今，这些林木和果树变成了五溪村的"摇钱树"。1000多户人家，年人均收入5000多元，五溪村成了远近闻名的富裕村。

百万移民造就了一次命运大迁徙，一场家园大重建写出了一部创业改造史。从长江边后靠到乱石林立的"黑儿梁"，冉振爱这个三峡汉子硬是凭着一身韧劲将这里变成了瓜果飘香的"花果山"，成了远近闻名的致富带头人。在三峡库区这片热土上，冉振爱和许许多多移民群众一道，留下了辛勤耕耘的足迹和顽强拼搏的人生轨迹。

——资料来源：龙丹梅. 百万三峡移民　一个感动世界的奇迹［EB/OL］. 人民网，2021-07-05.

【析案例】

该案例讲述了一位三峡移民用质朴的方式，表达着对祖国的热爱，对时代的感念。家国一体，在他们身上体现得如此真切……在国家利益面前，冉振爱带头选择了舍弃私情，成就大业。冉振爱只是许许多多三峡移民中的一个缩影，在波澜壮阔的三峡百万移民中，他们把舍小家顾大家的爱国之情转化成无声的行动，"无论怎样留恋故土、难舍亲情，移民们还是毅然让出自己的小家，给民族的世纪工程安家"。移民冉振爱到了新安置的地区后，带领村民从头开始，奋力拼搏，艰苦创业，历经无数的艰难，其中的曲折，也让人感到心潮澎湃。冉振爱用自己的亲身实践，证明三峡移民的成功首先要靠党和政府的关怀，最根本的还是要靠三峡移民自力更生、迎难而上。三峡库区移民顾全大局、深明大义，割舍家业、迁离故土，这是中华民族爱国、奉献精神的集中体现。这种精神不仅是重庆人民宝贵的精神财富，也是中华民族宝贵的精神财富。

【融教学】

本案例可用于第一章第二节第一目"积极进取的人生态度"知识点的讲解，教师可通过冉振爱的案例，引导学生理解树立积极进取的人生态度的重要意义，以及在面对困难时如何树立积极进取的人生态度。教师还可以在课堂中组织学生讨论交流，还有哪些三峡移民的人和事体现了积极进取的人生态度，以及遇到困难时颓废不振所带来的影响。

本案例还适用于第一章第三节第一目"辩证对待人生矛盾"知识点的讲解。教师可通过冉振爱的案例，让学生了解在面对困难时如何树立积极进取的人生态度，以及身上坚韧不拔、永不言弃的坚毅品质，引导学生辩证看待人生矛盾，树立正确的苦乐观和顺逆观等。在教学过程中，教师可组织学生讨论交流，举其他人的事例，体会积极进取的人生态度对于一个人的成长与发展的重要意义。

【拓思考】

1. 人的一生中总会遭遇各种各样的困难和挑战，应该如何正确认识和处理人生矛盾呢？

2. 三峡移民冉振爱积极进取的人生态度对你有什么影响？

第三篇　脱贫攻坚楷模案例融入思考

教学案例一　张映：让武陵山村产业兴、乡村美、农民富

【阅案例】

张映，涪陵区武陵山乡武陵山村党支部书记、村委会主任，她政治坚定，旗帜鲜明，能够坚决贯彻执行党的路线方针政策，坚定不移用习近平新时代中国特色社会主义思想武装头脑、指导实践、推动工作，时刻锤炼政治品格，不断强化自身修养，坚持在"两学一做"、党史学习教育中明理、增信、崇德、力行，在为人民服务中奋力走出新的赶考之路。

张映探望孤寡老人

牢固树立服务宗旨

张映坚持在实践中学习，在工作中提高，她把每项工作都当作对自己素质和能力的检验和挑战，不断提高自己的工作能力和业务水平。2021年换届后，张映"一肩挑"担任党支部书记、村委会主任，她立即转变角色，主动上阵、独当一面，坚持以武陵山乡党委政府为中心，始终牢记"为人民服务"的根本宗旨，坚守初心使命，勇于担当作为，在本职岗位上务实苦干，做出了一定的工作成绩，得到了领导和群众的一致好评。

脱贫攻坚阶段，她坚持每年走访全村贫困人口，带领建卡贫困户44户157人全部脱贫，完成CD级危房改造14户、小额信贷36户109万元，义务教育阶

张映走访新建蓄水池

段适龄儿童入学率达 100%，全面推行家庭医生签约服务，新建蓄水池 1000 立方米，新安装供水管网 12499 米，自来水管网入户率达 100%，"两不愁三保障"问题全面解决。

疫情防控期间，她坚守岗位，坚持每日排查外地来乡返乡人员，带头悬挂宣传标语，发放宣传资料，向群众宣传疫情防控的有关知识，主动带头捐款 200元，带领全村 183 名党员群众捐款 18212 元，全村无疑似病例和确诊病例发生。

她积极发动村民发展特色产业，支持有条件、有意愿发展乡村农家乐的村民开办农家乐，群众不会上网，她就自己在家整理相关资料，然后上门开展一对一服务，实地考察农家乐发展情况。在她的积极推动下，武陵山村全年发展高山鲜食玉米 200 余亩、发展中药材 20 亩、发展脆桃 100 余亩，走上了产业兴旺的致富路。

不仅如此，她一直在思考如何打破发展瓶颈，把"一村一品"做大、做强、做靓，助力村民在自己家门口获得更多收益，持续壮大集体经济收入。她主动请教专家、不断摸索，与村干部们反复开会讨论论证产业规划。2021 年，在乡党委、政府的支持下，带动全村发展车厘子产业 180 亩，缓缓铺开乡村振兴的美丽画卷。

传承孝道弘扬美德

张映传承孝道美德

　　张映同志的前夫于 2014 年 6 月不幸去世后，前夫的父母便一直与她共同生活。她在前夫去世后就跪在公公婆婆面前说："你们的儿子虽然丢下我们走了，可他永远活在我们的心里，我以后一定会撑起这个家，一定会把你们当成我的亲父母一样照顾。"为了这么一句话，她坚持了 8 年。

张映听取群众建议

在生活中，她为人公道正派，吃苦耐劳，能广泛听取群众的意见和建议。能正确看待名利，勤俭朴素、处事低调、热心助人，与邻里关系亲和融洽，善于处理基层复杂问题，有较强的组织协调能力和开拓创新意识，牵头协调处理全村经济社会发展中多起矛盾纠纷。作为一名共产党员，时刻不忘传承中华民族传统美德，这一行为得到广大党员群众的一致好评。

——资料来源：涪陵区妇联.喜迎二十大 | 走进二十大代表：涪陵区武陵山乡武陵山村党支部书记、村委会主任张映 [EB/OL].涪陵女性公众号，2022-10-14

【析案例】

坚持以为人民服务为中心。涪陵区武陵山乡武陵山村党支部书记张映同志，作为一名中共党员，能够始终践行为人民服务的宗旨，坚守初心使命，勇于担当作为。脱贫攻坚阶段，她坚持每年走访全村贫困人口，带领建卡贫困户44户157人全部脱贫；疫情防控期间，她坚守岗位，坚持每日排查外地来乡返乡人员，全村无疑似病例和确诊病例发生；积极发动村民群众发展特色产业，帮助村民走上了产业兴旺的致富路。作为一名党支部书记始终致力于武陵山区的乡村振兴工作，把武陵山的"土疙瘩"真正变成了"金疙瘩"。

发扬中华民族优秀传统美德。党的二十大报告提出中国式现代化是"物质文明和精神文明相协调的现代化"。作为支部书记的张映同志，以身作则，传承孝道，弘扬美德，淡泊名利，艰苦朴素，用"好家风"涵养"好乡风"，让社会主义核心价值观在乡村"落地生根"，不断提高全社会文明程度。

【融教学】

张映的案例，可应用于第五章的第一节第二目"坚持以为人民服务为核心"，强调在社会主义市场经济体制下践行"为人民服务"价值观的重要性和必要性。为人民服务，不仅是坚持历史唯物主义的必然要求，还是中国共产党践行的根本宗旨，也是社会主义道德观的体现，是全体中国人民共同遵循的道德要求。作为一名大学生，肩负国家赋予的重任和担当，应主动加强天下兴亡，匹夫有责的责任感，践行为人民服务的价值观，把自身的利益同国家和人民的共同利益结合起来。

此案例还可融入第五章第二节第一目"传承中华传统美德"。中华优秀传统文化中很多思想理念和道德规范，无论过去还是现在，都有其永不褪色的价值。

张映同志主动发挥示范带动作用，不断提升自身道德水准和文明素养，带头弘扬中华传统美德，加强家庭家教家风建设。我们的青年大学生也应以张映同志为榜样，自觉做"明大德、守公德、严私德"的践行者。

【拓思考】

1. 有人认为，在社会主义市场经济体制下，为人民服务已经过时了。请学生以小组为单位辨析一下，这个观点正确吗，为什么？

2. 结合实际，谈谈新时代大学生如何传承中华传统美德？

教学案例二　春暖花开"燕"归来，北碚返乡青年喻燕

【阅案例】

再次回到重庆市北碚区柳荫镇东升村，喻燕决定留下。

城市的钢筋水泥、纷繁喧嚣，让她感到疲倦和压抑。回到乡村，原本只是想获得短暂的喘息。然而当她行走在乡间田野，感受着久违的土地气息，被熟悉的乡音裹挟，她的内心无比平和与喜悦。

她觉得这才是她真正想要的生活。

那时春回大地，燕子还巢。村民们说，这是吉祥兴旺的好兆头。

今年 29 岁的喻燕出生在北碚区静观镇陡梯村。因为母亲是柳荫镇东升村人，外公外婆、舅舅姨妈等亲人也居住在东升村，所以喻燕的很多童年时光都是在东升村度过的。

每年暑假，是村里孩子们"大闹天宫"的时候。大家每天不是上山抓鸟，就是下河摸鱼，渴了就捧两口河里的清水喝，饿了有无数的果实可以边摘边吃，快乐得"无法无天"。

漫无休止的蝉鸣声里，童年仿佛悠长无期，又遥不可忆。

随着年岁渐长，在东升村的时间也越少，只有逢年过节时回去看看。职高毕业后，喻燕外出到渝北区等地打工，先后在餐饮公司和财务公司工作过。2017 年，取得重庆大学网络教育学院工商管理专科学历。2018 年，她又学会了做面，在巴南区开了一家面馆。

在城市的时间越来越长，收入也越来越高，但喻燕仍然找不到归属感，"连左邻右舍都不认识"。2020 年回老家过春节，恰逢新冠疫情，她决定好好休息一段时间，想清楚未来的路。

再次回到东升村，在过年的哄闹中，她发现"田园将芜"。村里包括外公外婆在内的一些老人已经离世，曾经年轻力壮的伯伯孃孃们越来越苍老，儿时的玩伴大多进城务工，有的还在城里安了家。

一代人终将老去，却没有多少年轻人愿意留下来。

那时，东升村的改造计划正轰轰烈烈开展。3 月，村委会组织村民召开开办民宿的动员座谈会，舅舅不在，喻燕便代替他参加。

"游客从哪里来？""我们有什么特色？""收入怎么保障？"会上，喻燕的

"连环问"有想法有干劲，引起了镇、村干部的注意。会后，他们留下喻燕继续交流，了解她的基本情况，鼓励她留在村里工作。

实际上，热爱乡土的喻燕一直在等这样一个留下来的机会。于是，2020年4月，她作为返乡本土人才被引回东升村。

然而，短暂逃离城市是一回事，在乡村长久生活又是另一回事。想象中的世外桃源，真正生活其间却未必美好。

首先要面临的是物质生活的困顿。没有住所，喻燕只能寄居在姨妈家。实习期工资每月仅有1000多元，生活还得精打细算。一些从前习以为常的需求在乡村都无法得到满足，比如，她喜欢网购，每次取快递都得去镇上。

随之而来的是精神世界的贫乏。乡村的文化娱乐方式匮乏，日子常常陷入琐碎平庸，令人感到索然寡味。特别是村民们对传统农耕文明、土地的认同感不够，刚回村时，喻燕还得忍受那些异样的眼光——"就像看待一个从城市逃离的失败者"。

尽管有千般不是万般不好，但因为说不清道不明的乡土情结，家乡对游子来说永远都难以割舍，忘不掉，放不下。就这样吧，喻燕想，如果觉得家乡还不够好，那就留下来一起建设她。

有人漏夜下西洋，有人风雪归故乡。所谓"故乡"，既可以是生养己身的故乡，又可以是安身立命的第二故乡，甚至只是我们心之所向的那个故乡，因为"此心安处是吾乡"。

回乡后，喻燕主要负责导游工作，用自己的方式把家乡的美好呈现给游客。

作为北碚区乡村振兴示范村，东升村拥有丰富的人文资源，竹编、腰鼓、庙会等非遗绚丽灿烂，王家祠堂、空中水渠、古井等遗迹古色古香。近年来，东升村与四川美术学院、西南大学深化校地合作，按照"艺术乡村化、乡村艺术化"思路，用艺术点亮乡村。2021年，全村接待游客超过20万人。

"返乡不是清修，而是通过做一些有意思的事，成全更好的自己，成就更好的家乡。"为了当好导游，喻燕常常向村里的老人请教了解村庄的历史文化，比如东升村空中水渠的修建过程、柳荫竹编的工艺特色，然后把它们编成小故事，讲给来到村里的游客听。

"有意思的事"还有很多。喻燕报名参加了西南大学专升本自考，正在学习工商管理相关课程。她种了几分地的粮食和蔬菜，在躬身耕种中探寻人与土地、自然的联系。她制作了一些手工发夹让母亲拿去卖，"游客多时一天能卖上百元"。她发动村里的大爷大妈组建文艺队，一日一舞，每周一演。她在村里带头捡垃圾，蹒跚学步的小侄女也跟着她一起捡，村民们慢慢有了自觉，村庄也越来越整洁。她还喜欢拉着村里的婆婆嬢嬢们聊天，在家长里短中又宣传了政策。

"旭日东升照我家，我家住在东山下，稻田鸭叫白鹭飞，晨观日出晚看霞……"这首曾在央视亮相过的东升村村歌《旭日东升》，有句歌词"飞龙在天燕归来"，其中"飞龙在天"指的是空中水渠，"燕归来"则包含了喻燕返乡的故事。

"去年9月我们邀请专业创作团队，组织村民一起梳理东升村的历史文化，共同创作了村歌。"喻燕说，村歌的创作过程也是挖掘村庄价值、重建自身文化的过程，村民们的共同记忆被唤醒，对家乡的归属感和认同感更强了，"现在我们不仅有了村歌，还在编排村舞，让村民更有自豪感"。

个人的人生选择往往映射着时代的大势和风向。返乡两年半，喻燕越发坚定了留在家乡建设家乡的想法。她相信，乘着乡村振兴的浩荡东风，一定还会有更多的"燕子"归来。

——资料来源：春暖花开"燕"归来，北碚返乡青年喻燕[EB/OL].华龙网-新重庆客户端，2022-09-28.

【析案例】

理想是人们在实践中形成的、有实现可能性的、对未来社会和自身发展目标的向往与追求，是人们的世界观、人生观和价值观在奋斗目标上的集中体现。29岁的女青年喻燕，在大城市打拼多年，仍然找不到归属感。在2020年，恰逢新冠疫情暴发，在家乡休息期间，热爱乡土的喻燕在内心萌生了服务乡村振兴的"理想萌芽"，带着这份理想，喻燕在自己的家乡创造了一片属于她自己的天地。可见，理想的形成离不开实践的土壤，深深扎根于社会实践之中。

理想的实现具有长期性、艰巨性和曲折性。女青年喻燕在返乡创业过程中，也并未一帆风顺，面临物质生活的困顿和精神世界的贫乏，但喻燕一一克服。负责导游工作的她，用自己的方式把家乡的美好呈现给游客，也吸引了更多的"燕子"归来。可见，任何一种理想的实现都不是轻而易举的，必然要遇到各种各样的困难和波折，但只要有克服困难的信心和坚韧不拔的毅力，理想就会变为现实。

【融教学】

喻燕的案例，可应用于讲解第二章第三节第一目"科学把握理想和现实的辩证关系"。在现实生活中，理想变为现实并不是一帆风顺的，往往会遭遇波澜和坎坷。喻燕的故事启示我们，青年大学生不仅要树立理想，还要有战胜种种艰难险阻的坚定不移的信心和坚韧不拔的毅力。如果遭遇一点困难，曲折或者失败就灰心丧气，那么就会影响理想的实现。

此案例还可用于讲解第二章第一节第一目"理想的内涵与特征"。理想来源于社会实践，在实践中形成与发展。喻燕的理想来源于对自己家乡的热爱和细心观察，在浓浓的"思乡"情结下，萌生了服务乡村振兴的理想。这就告诉我们青年大学生，一定要着眼于社会生活实际来树立自己的理想，否则脱离社会实践这片沃土的话，理想就会变成空想。

【拓思考】

1. 请结合所学知识谈谈，理想和现实的辩证关系。
2. 请结合实际谈谈，理想信念对于大学生成长成才的重要意义。

教学案例三 "90后"乡村医生胡啸
——青春有选择,乡村有"医"靠

【阅案例】

"婆婆,血压和血糖一切正常。"在重庆市永川区何埂镇玉宝村村民刘兴碧家中,"90后"乡村医生胡啸收起血压测量仪,眉眼弯弯地笑着说道。

屋外,几位村民围了过来。"胡医生,我的腿咋总是抽筋?""胡医生你也给我测下血压吧!"一时间,刘婆婆家竟成了"临时问诊室"。

"刘婆婆患有高血压和糖尿病,但因视力障碍出行不便,像这样的患者须要定期上门随访,进行健康监测。"胡啸说,上午坐诊、下午"进村",已成为他的工作日常。

胡啸是重庆市农村订单定向医学生免费培养计划的首批全科专业毕业生。2018年,他在完成学业和规范化培训后进入何埂镇卫生院工作,决定把根扎在基层。

去年,玉宝村村医因病去世,得知这一消息后,胡啸做了一个大胆的选择:主动辞去镇卫生院全科主任一职,申请担任玉宝村村医。

"玉宝村常住人口中半数为65岁以上的老年人,多患有高血压、糖尿病、支气管炎等慢性病。"胡啸说,不少患者服药不规律,家属又缺少护理知识,小病、轻病往往拖成大病、重病。

农村基层一般只有一两名"半工半农"的村医,却肩负着日常诊疗、慢病随访、重点人群体检、疫苗催种等工作,村里没了村医,基层医疗卫生服务的"最后一公里"就没了保障。

从区里到镇上再到村中,胡啸的工作逐渐深入基层。偶尔他的亲戚朋友也会问:"别人都在向上走,怎么你越走越向下?"

"当初选择全科专业时我就决定要扎根基层。"胡啸说,乡村是基层健康管理的最佳实践场所。对于胡啸来说,通过自己的努力为基层医疗做出一点贡献,是他的职业理想。

胡啸担任乡村医生一年多以来,玉宝村村民的慢病控制率逐步提升。73岁的村民黄年远患有高血压,在规范用药并改变生活习惯后血压值控制良好。目前,玉宝村超过2/3的高血压、糖尿病患者已实现血糖血压稳定。

胡啸说:"为村民提供面对面、有针对性的医疗服务是基层全科医生的职责。"帮助瘫痪病人上门换药，协助家属护理；为腰酸腿痛等常见病患者引进中频、艾灸等无创理疗方式……忙碌一天后，胡啸回到卫生室倒头就睡。

——资料来源：李晓婷，周闻韬．"90后"乡村医生胡啸：青春有选择，乡村有"医"靠［EB/OL］．新华社客户端，2022-07-04．

【析案例】

在职业生活中须树立正确的劳动观念，即劳动创造更加美好的生活，无论从事什么劳动，都要干一行、爱一行、钻一行。只要踏实劳动，勤勉工作，在平凡岗位上也能干出不平凡的业绩。"90后"村医胡啸选择到农村基层就业，服务基层老百姓，勤恳工作，认认真真，用自己的精湛专业和端正态度，赢得了当地老百姓的信任和喜爱。胡啸的故事向我们再次证明了，只要有志气，有闯劲，即使普通劳动者也可以在宽广舞台上实现自己的人生价值。

就业是民生之本，树立正确的择业观和创业观，对于大学生顺利走进职业生活具有重要的现实意义。择业和创业固然要考虑个人的兴趣和意愿，同时也要充分考虑现实的可能性和社会的需要，把自己对职业的期望与社会的需要、现实的可能结合起来。目前，许多地方的基层单位特别是中西部地区人才需求十分强烈，能够为大学生提供施展才华的广阔空间。"90后"胡啸同学，毕业后就来到农村就业，服务乡村振兴，在乡村这片大舞台上实现了自己的人生价值。这就启示我们的青年大学生，应积极响应国家号召，适应社会发展需求，面向基层，面向国家建设第一线去选择自己未来的职业，为经济社会发展贡献智慧和力量。

【融教学】

胡啸的案例，可用于讲解第五章第三节第二目"职业生活与劳动观念"，引导大学生树立正确的劳动观念，清楚地认识到劳动没有高低贵贱之分，任何一份职业都是光荣的，并自觉向"90后"村医胡啸学习，学习他扎根基层，用自己的专业知识服务乡村的行为。

此案例还可融入第五章第三节第二目"树立正确的择业观和创业观"，引导青年大学生在面对职业选择时候有一个正确的观念。胡啸作为青年大学生的代表主动到农村就业，为农村事业发光发亮。这也启发我们青年大学生，在面对职业选择时，也应有扎根基层，服务基层的一份信念，在服务基层的过程中增长见识，增长才干，促农村发展，让农民受益，让青春无悔。

【拓思考】

1. 请同学们去搜集劳动模范的故事，以小组为单位汇报和分享心得感悟。

2. 请同学们谈一谈，对于未来择业的观念和想法。

教学案例四　城口：父子合唱"连翘经"，铺出全村"药财路"

【阅案例】

城口，处于秦岭以南、大巴山腹地、长江以北南北分界线，亚热带山地气候明显，是全国生物多样性保护重点区域，多变的气候和复杂的地形，孕育了种类丰富的动植物，其中就包含天麻、太白贝母等名贵中药材500多种。连翘，就是其中较为常见的品种。

孟夏时节，万物葱郁。走进龙田乡卫星村，漫山遍野的连翘正在蓬勃生长，徐秀刚、徐万海父子站在老屋院坝边，眺望绿意盎然的连翘，过往的记忆，便如同电影片段般一帧一帧在脑海中浮现。

奠基　父亲的40年坚守

1982年，时年25岁的徐秀刚就拾起了父辈传下的"老手艺"，开始走上中药材种植之路。

"从小我就跟中药材打交道。"光说不干假把式，有了想法，徐秀刚就开始行动。他将自家的土地平整出来，并在房屋周围的大山中开出了数10亩林地，随后专程到县里药材公司买回了玄胡、独活、黄连、党参、云木香等多个品种的中药材种子，一家人忙活了大半个月，将这些种子全部种下了地。从此，开始了他和中药材半生的"羁绊"。

从小接受父亲的教导，徐秀刚从一开始就有自己的计划。他按照"长短结合"的方式进行产业布局，依据"二十四节气"下种、采收，玄胡、独活等当年就可收获，云木香3年长成，黄连5年收获，这让他的产业形成了长效机制。

这一干就是20多年，转眼到了2005年。长期向徐秀刚收购药材的一位老中医给他提了一个建议——种连翘。县里的宸曦堂药业公司也找上了他，计划跟他合作建一个连翘种植基地。于是，徐秀刚信心满满地种下了13000株连翘。

但问题很快出现，徐秀刚发现许多连翘只开花不结果，还有许多收获的连翘送去化验基本没有药性。这让他慌了手脚，却找不出问题所在，急得像热锅上的蚂蚁。

所幸，县农委为他联系到了市中药研究院的彭教授，经过彭教授实地检测察看，发现徐秀刚的连翘基地里有高达7个不同的连翘品种，好几种都没药性或不结果，如果任由这些连翘互相传粉，整个基地都会被毁，于是彭教授给他说了一个字——挖！

虽然满心不舍，但徐秀刚只能忍着心痛将无用的连翘挖掉，这一挖就挖掉了30%。数千株连翘被连根拔起，老徐看在眼里，痛在心里。

经过挑选、挖除，基地里只剩下了麻连翘、白连翘两个挂果率高、药性佳的品种。从此，徐秀刚的药材基地走上了正轨。

传承 儿子的 15 载摸索

1988年，徐秀刚第一批长效黄连收获的第二年，儿子徐万海出生了。

徐秀刚有意培养徐万海作为自己的"接班人"，从孩子几岁起就带着他漫山遍野地跑，教他辨认中药材，告诉他什么时候下什么种，什么时候采收。

但是，作为新一代青年的徐万海刚开始并不愿意一辈子跟大山打交道，他向往外面的世界，初中毕业后，他就想着跟村里的年轻人一起出门打工。到了20岁那年，他选择回到家乡，跟父亲学种药材。

对于孩子的回归，徐秀刚打心眼儿里感到高兴。正好县里准备大兴中药材产业，呼吁群众抱团发展种植中药材。于是，父子俩一合计，在村里组织成立了专业合作社，取名为"城口县徐林药材农民专业合作社"。

首先是吸纳村民入股，徐万海敞开了合作社的"大门"，只要村里想要种植中药材的村民都能入社。由此，合作社成员逐渐增多。然后，在管理方面，他采用企业用工管理模式，给参加务工的村民发劳务费，让他们在药材收益的基础上还能有务工收入。其次，他积极拓展产业链，改变单一种植的模式，拓展延伸形成了产销一体的产业新模式，让产业规模进一步壮大。

慢慢地，徐万海的"改革"出了成效，也得到了徐秀刚的认可。于是在2016年，徐秀刚主动"让贤"，让儿子成为合作社的负责人。从此，徐万海成了村里的"领头羊"，带着村民继续朝着"药财路"前进。

从徐万海回到家乡，这条摸索的路，他已走了15年。

拓展 全村的 3000 亩药材

在徐万海"大产业"概念的带动下，卫星村的中药材产业走上正轨、越做越大。

"刚开始，其实我们是不太相信的。"王达贵是土生土长的卫星村人，前半辈子一直在跟土地打交道，种着传统的苞谷、洋芋、红苕"三大坨"。在徐万海上门向他宣传将土地拿出入股合作社种连翘时，他第一反应就是"疯了"，土地拿来种了药材，庄稼怎么办？牲畜吃什么？所以他想都没想就一口拒绝。

碰了个"硬钉子"，徐万海没有放弃，仍旧三天两头往王达贵家跑，跟他讲解种药的好处和市场价格等。在徐万海不厌其烦地宣传下，王达贵转变了观念，主动申请加入专业合作社，种起了药材。

如今，王达贵家大部分土地都种上了连翘，还积极参与徐万海组织的基地务工，每年的收入比种庄稼多了好几倍。

不只是王达贵，截至目前，卫星村已有132人加入专业合作社，全村人都拧成了一股绳。

桂明昌是这132人之一，不同于王达贵，他是最先加入合作社的村民之一。

有志者，事竟成；苦心人，天不负。经过10多年的发展，卫星村的连翘长满了田间地块、山坡林地，达到了1500多亩。同时，云木香、独活等产业也蓬勃发展，全村中药材种植面积超过了3200亩，药材产量也从2吨提升到了8吨，人均年收入超过8000元。中药材，真正成了卫星村富农增收的"拳头"产业。

"现在我们取得了成效，但还有很大的发展空间。"徐万海说道，现在他正在思考将现有资源价值最大化，推动产业与生态融合，走生态产业化、产业生态化的发展路子，实现中药材"立足卫星，走出卫星"的目标。

目前，合作社入股合作的林下淫羊藿产业已在高燕镇星光村试种，产业延伸向外地的路子迈出了第一步。同时，徐万海带着村民们在全村布局的"育苗+种植+加工+销售"的升级版产业链也初具雏形。

——资料来源：杨鹏飞．城口父子合唱"连翘经"，铺出全村"药财路"[EB/OL]．人民网，2022-05-28．

【析案例】

中华优秀传统文化是中华民族的精神命脉，其中蕴含着中华民族世世代代形成和积累的思想营养和实践智慧，是中华民族得以延续的文化基因，也是我们在世界文化激荡中站稳脚跟的根基。父子两人传承起祖辈传下的种植中药材的"老手艺"，带领乡村人民发家致富，这既是发扬了中华民族优秀的中医药传统文化，又赋予了中华优秀传统文化新的生命力，不断推进中华优秀传统文化创造性转化和创新性发展。

创新决定未来，改革关乎国运。创新是推动人类社会发展的第一动力。为扩大中药材产业，父子两人在村里组织成立了专业合作社，同时儿子徐万海积极拓展产业链，改变单一种植的模式，拓展延伸形成了产销一体的产业新模式，让产业规模进一步壮大。可见，改革创新是赢得未来的必然要求，抓创新就是抓发展，谋创新就是谋未来。

【融教学】

徐秀刚和徐万海的案例可应用于第三章第二节第三目"尊重和传承中华民族历史文化"的讲解。中华民族历史悠久，中华文化博大精深。中华优秀传统文化是中国特色社会主义文化的重要来源，是中华民族生生不息、薪火相传的不竭精神动力。父子两人，继承和发扬中华民族优秀的中医药文化，并带领全村人民走上致富的道路。可见，不断推进中华优秀传统文化的创造性转化和创新性发展可以促进社会经济的发展。

此案例还可应用于第三章第三节第二目"改革创新是新时代的迫切要求"的讲解，引导大学生认识改革创新的重要性。创新是第一生产力，创新能力是当今国际竞争新优势的集中体现。父子两人为扩大中药材的产业，而进行的一系列"改革"，并取得显著成效，这都启示我们，青年时期是创新创造的宝贵时期，新时代的大学生应当把握时代脉搏，迎接时代挑战，增强创新创造的能力和本领，勇做改革创新的实践者。

【拓思考】

1. 结合实际，谈谈青年大学生如何传承和发扬中华优秀传统文化？
2. 结合自身实际谈一谈，作为青年大学生如何走在改革创新的时代前列？

教学案例五　付体碧：牛背上开拓出"牛日子"

【阅案例】

付体碧是丰都县秦榜沟村的村民，是全国脱贫攻坚先进个人。曾经，不识字的她摸索着羊牛，全靠着不屈的干劲和辛勤的劳动，把穷日子过成了"好日子"。

如今，获奖多了，做的报告多了，接受的采访也多了。付体碧仍旧辛勤劳作，她的生活却已经悄然发生了改变。

为了"对得起"身上的荣誉，她要求自己上进，向更多"正能量"看齐。

终身学习，不断进步，成为更好的人。她的"好日子"又过成了"牛日子"。

生活以痛吻我，我便报之以歌

刚到付体碧家附近，就见她早已经在院子里等候，热情地招呼着"快进来坐，我给你们倒水。"

她笑脸吟吟，说话时中气十足，给人的第一印象，是一个勤劳、善于持家的邻家大姐。

这样的笑脸和语气透着一股坚韧劲，让人忍不住去探究她的过去和经历。

2003 年，付体碧 5 岁的女儿得了脑膜炎，住院治疗花了不少钱，家中因此欠下一笔债；2004 年，丈夫在打工期间左手重伤致残；再后来，公公又不幸遭遇车祸⋯⋯

提到难挨的过往，付体碧仍忍不住眼眶微红，她顿了一下，仿佛想把情绪克制消化。接着又笑着说道，"那个时候觉得运气是真的背，但现在走过了又觉得没什么了。"

付体碧很细腻，细数着政府、邻里的关怀，她再度哽咽，真诚的语气里有感恩也有知足。

两次短暂的情绪阴霾，付体碧没有过多沉溺，她讲述了更多愉快的事情，前段时间新买的牛品种很好，喂得不错；昨天 7 头大牛又卖了十几万；现在自家的养殖场里有 40 多头肉牛，10 多头生猪，几头山羊，几十只鸡鸭，还种 20 多亩田地⋯⋯

说到开心之处，她开怀大笑，感染了在场的所有人。

清晨的暖阳投射进门槛，农家小院里，一屋子关不住的欢声笑语，夹杂的"哞哞"牛叫声，冲出了门窗，冲进了山沟的春日里。

天无绝人之路，肯干就有出路

采访中途，有牛贩子前来收购。

付体碧和丈夫合计，把家里老品种的黄牛再卖掉几头，改喂更多新品种的牛。两人一人讲价，一人看管，配合默契。

付体碧告诉记者，新买的西门塔尔牛体格大、生长快、肌肉多、脂肪少，比以前的黄牛更适合畜养。

趁着介绍，付体碧还顺手拾掇家务：下面的牛圈可以添草了；种牛草的地里该除草了；有几亩水田该整平下秧了……几番下来，家里的活一样也没落下。

谁能想到，如今心有规划的付体碧，曾经也有慌神拿不准主意的时候。

2014年，在扶贫干部的帮助下，付体碧贷款发展肉牛养殖。但因为缺少文化，养牛对她来说并不容易。

有一回牛生了病，十几天不吃草料，付体碧心急如焚地到处请兽医。"我们两口子没得文化，字又认不到，兽医开的药不晓得啷个配、啷个喂，我只有硬起头皮画些我自己才晓得的记号，使劲拿脑壳记。"

自从开始养牛，付体碧就沉下心，不断琢磨怎么把牛喂好、喂壮实。

"我发现喂盐巴、喂苏打，可以让牛的胃口更好，更快长肉，但牛胃口太好了，又会吃多了不消化，就可以给牛喂醋、喂菜油，帮助它消化。"

凭着一点一点地实验，慢慢地，付体碧成了养牛的行家。

周围的农户在她的带动下，也开始养牛，她也大方地传授自己的经验。

肉牛是丰都的特色产业，也是付体碧发家致富的事业。她对此有一份天然的责任感，"这个事，我必须坚持把它做下去，还要做得更好"。

成绩不想再提，说出就是承诺

知道要接受采访，付体碧头一天就开始准备和等待。

对于宣传报道，她很郑重。"获得了表彰认可后，我现在应该更注意自己的语言和形象，不能乱开腔。"

是先进就要以榜样要求自己，对于这点付体碧很坚持。她想，"贫困帽"摘了，"文盲帽"也要摘。

于是，她去借了小学的教材，还拜了师父，打算从拼音"啃"起，有朝一日彻底摆脱"大字不识"的标签，用智慧和知识再闯一番天地。

走上更广阔的舞台，与更优秀的人同行，她渐渐不再满足眼前这一亩三分地。"全国脱贫攻坚先进个人"魏德惠养璧山兔，养出了门道；秀山"最美退役军人"付维刚种黄桃种出了致富路——他们是付体碧的榜样，也是她新项目的灵感来源。

平时付体碧也会刷刷朋友圈，看看抖音，但她目标明确，只看对自己有用的，学习方面的，还有就是正能量的。

"都说手机会影响一个人，我相信我绝对不会受到坏的影响。"

而对于自己对周边的影响，她不愿多说。"这些都是以前的事了，现在大家都晓得是什么情况，也不需要我去带动帮助了。"

如今的付体碧想要回馈社会，做更多的事，她心里面有了新的打算。

但在记者的追问下，她不愿开口："说出来的话就一定要做到，我现在没有实现，就先不说了。"

希望，付大姐的这个秘密，终有一天可以真相大白。

——资料来源：王钰，杨淳淇. 付体碧：牛背上开拓出"牛日子"［EB/OL］. 华龙网-新重庆客户端，2022-04-30.

【析案例】

"看似寻常最奇崛，成如容易却艰辛。"每个人的成长之路并不是一帆风顺，一片坦途的，总会遇到暴雨和险滩。这就需要我们科学认识实际中生活中的各种问题，勇敢地面对和正确处理各种人生矛盾。正确看待苦与乐，苦与乐既对立又统一，在一定条件下还可以相互转化。付体碧的一生是"苦"的，5岁的女儿患有脑膜炎；丈夫在打工期间左手重伤致残；公公又不幸遭遇车祸……但这些"苦"并没有压垮付体碧，生活以痛吻她，她却报之以歌，用积极乐观的人生态度，经营出自己幸福的"小日子"，并获得"全国脱贫攻坚先进个人"称号。

正确看待荣与辱。荣辱对于个人思想行为具有鲜明的导向和调节作用。付体碧获得了表彰认可过后，更注意自己的言语和形象，时刻以"先进"的要求来鞭策自己，正确地对待所获得的荣誉。这启示我们青年大学生应该树立正确的荣辱观，这样才会在纷繁复杂的社会生活中从容地走好自己的人生之路。

【融教学】

付体碧的案例，可应用于讲解第一章第三节第一目"正确对待苦与乐"，引导大学生树立正确的苦乐观。苦与乐是人生面临的一对基本矛盾，"梅花香自苦寒来"的诗句告诉我们真正的快乐只能由奋斗的艰苦转化而来。付体碧在经历了苦日子后，并未丧失对生活的信心和勇气，用自己辛勤的双手将"苦日子"变成了"甜日子"。希望青年大学生在自己的成长过程中，能够准确把握苦与乐的辩证关系，努力做迎难而上，艰苦奋斗的开拓者。

此案例还可融入第一章第三节第一目"正确对待荣与辱"。荣辱观是人们对荣辱问题的根本看法和态度，对个人思想行为具有鲜明的导向和调节作用。付体碧面对自己的荣誉，始终能够不骄不躁，谦虚谨慎，坚持正确的荣誉观。而作为青年大学生，只有具备正确的荣誉观，才能辨别是非、对错、善恶、美丑的界限，更好地开创自己美好的未来。

【拓思考】

请结合自身实际，谈谈你对苦与乐关系的认识。

教学案例六　叶红梅：带货主播"小叶片"，乡亲致富"领头羊"

【阅案例】

"我们云阳脆李又脆又甜，已经进入成熟期，即将下树，欢迎大家来采摘哟。"6月30日早上8点，位于云阳县的重庆帛宸电子科技有限公司负责人叶红梅打开抖音号"小叶片"，提着一篮新鲜的脆李，向网友热情推介云阳脆李。

叶红梅是云阳人，2012年从福建师范大学毕业后进入江苏南京一家公司工作，半年不到就当上市场部主管，成为一名事业成功的都市白领。

2018年，得知家乡推出人才引进相关政策后，她放弃在大都市的生活回到云阳，想在家乡干出一番事业。然而，成功的道路并非一帆风顺。第一年创业，由于选择的桃园地理位置偏僻，叶红梅和同学合伙种植的错季鲜桃好不容易才卖出去，不仅没赚到钱，公司还亏了不少。

叶红梅没有打退堂鼓。2019年，她提前做好线上销售宣传，运用线上线下多渠道融合方式把"渠马晚桃"销向全国，近七成桃子在未采摘时就已确定买家。当年，桃园实现总收入60万元，并带动当地35个贫困户103人增收。

如何让优质农产品对接好市场，拥有好销路，卖上好价格，是叶红梅一直在思考的问题。在云阳县商务委、农业农村委的指导培训下，2020年，叶红梅打造了自己的直播带货团队，开始以主播"小叶片"的身份在各大直播平台为乡亲们带货，"直播一次能带动几千元销售，很多顾客成了我们的'铁粉'"。

从此，手机变成叶红梅的"新农具"，直播变成她的"新农活"，云阳的农产品变成她的"新农资"。她和团队走遍全县29个柑橘基地，带货产品也从桃子、橙子扩展到花椒、枇杷、李子、葡萄等，拍摄短视频100多条，开展直播上千场次。

截至目前，"小叶片"带领团队累计带货云阳红橙2000多吨，助农增收300多万元。线上线下助力其他农特产品销售额5000多万元，带动全县3万余户农民增收。

——资料来源：李志峰. 最美基层高校毕业生 | 助农主播"小叶片"乡亲致富"领头羊" [N]. 重庆日报，2022-06-30.

【析案例】

一代人有一代人的责任和担当，青春的底色永远离不开奋斗两字。人世间的一切幸福都是靠辛勤的劳动来创造，追求幸福的过程就是不满足于现状、不断追求和创造美好生活的过程。叶红梅不满足于在大城市当一名都市白领，主动舍弃大城市的生活返回家乡创业，把自己原本安稳的生活好好"折腾"了一番。叶红梅经过反复创业，最终打造了自己的直播带货团队，以主播"小叶片"的身份在各大直播平台为乡亲们带货，取得了骄人的成绩。叶红梅也用自己辛勤的双手，奋斗出自己精彩的人生。

大学生需培养创业的勇气和能力，积极关注经济社会发展趋势，了解国家鼓励大学生自主创业的有关政策，为自主创业打下良好的基础。叶红梅主动抓住现阶段社会上火爆的直播快车，助农增收300多万元，也为乡村振兴贡献了自己的青春力量。

【融教学】

叶红梅的案例，可应用于讲解第一章第三节第三目"成就出彩人生"，引导大学生做新时代的奋斗者。奋斗的人生才是幸福的人生，中国人民自古就明白，世界上没有坐享其成的好事，要幸福就要奋斗。叶红梅用自己的双手"奋斗"出青春最美的价值，助力乡村振兴，奉献青春力量。新时代的大学生也应当砥砺奋斗，锤炼品格，释放青春激情，彰显人生价值。

此案例还应用于第五章第二节第三目"树立正确的择业观和创业观"的讲解。大学生不仅要树立正确的择业观，还应当树立正确的创业观，培养自主创业的意识。叶红梅作为青年人的榜样，主动放弃大城市的工作和生活返回家乡创业，勇气可嘉。但创业的道路并不是一帆风顺的，希望青年大学生们努力提高自主创业的能力，做一个真正的创业者。

【拓思考】

1. 新时代大学生如何成就出彩人生？
2. 结合实际谈谈，青年大学生如何为就业和创业做好准备？

教学案例七　夫妻坚守村小，帮助上千孩子走出大山

【阅案例】

2月16日，开学第一天。在海拔700余米的忠县新生街道普安村，村小老师王朴一大早就在教室黑板上写下"播种好习惯，塑造新自我"的新学期寄语，等着孩子们报到。

在普安村小上学的，只有2名二年级学生和4名幼儿园孩子，作为学校唯一的老师，王朴已在此坚守22年。

不一会儿，孩子们相继来到学校。

"你们的寒假作业我检查了。田静怡，你的字写得太潦草了，是不是爸爸妈妈从外地回来了，你就光顾着缠着他们带你玩了？"王朴轻声说，这个小姑娘不好意思地摸了摸头。

"这些孩子的父母大多在外打工，只有过年才回来。今天是开学第一天，也到了父母们外出务工的日子。"王朴告诉记者。

时间过得很快，到了中午，王朴和妻子张文芳开始为孩子们做饭，食材是前一天买的新鲜猪肉和早上才采摘的自己种的蔬菜。不一会，热腾腾的木耳炒肉丝、蛋花汤、清炒儿菜就做好了。学校二楼空荡荡的教室现在作为餐厅，孩子们和王朴夫妻围坐在一起，像一家人一样开心地吃着午饭。

王朴曾是忠县一所中学的教师，1999年他到普安村小任教，6年后妻子作为临时聘用人员也来到村小工作。那时，学校共有5名老师、100多名学生。后来，其他4名老师陆续调往其他学校，但王朴一直没有离开。

这所村小招生为两年一届，从幼儿园教起。王朴负责小学基本课程所有科目的教学，张文芳负责给幼儿园孩子打基础。到了小学二年级结束，孩子们就会到条件更好的中心小学去读书。

王朴和妻子不仅是老师，还是厨师、保姆。王朴说，学校每天下午4点放学，孩子们要在学校吃一顿午餐。他和妻子在校外的几亩地里种了蔬菜瓜果，还养了几只鸡，这些是孩子们午餐的食材。

今年春节前，王朴和妻子专门进城去，自掏腰包给孩子们买来新衣。在教室的角落里，堆满了夫妻俩多年来给孩子们买的各种玩具。他们把这所村小当

成了自己的家，把感情倾注在每一个孩子身上。当地村民说起王朴夫妻，无不伸出大拇指。

截至目前，王朴夫妻俩先后帮助1000多名孩子走出大山，其中有100多人后来考上了大学。

——资料来源：郑宇.夫妻坚守村小，帮助上千孩子走大山［N］.重庆日报，2022-02-17.

【析案例】

服务人民，奉献社会。因王朴夫妻高尚的品质，代表了人类社会迄今为止最先进的人生追求。夫妻两人22年如一日，驻守乡村教育初心不改，他们身上所展现的大爱和奉献精神，值得我们尊敬和感动。一个人能力有大小，职业有不同，职位有高低，只有自觉把个人之小我融入社会之大我，不为狭隘私心所扰，不为浮华名利所累，才能在推动社会进步中创造不朽的业绩。

爱岗敬业是职业生活中的基本道德规范。王朴老师热爱教师岗位，对工作极其认真，对学生极其负责，几十年如一日坚守在三尺讲台，为乡村发展贡献教育力量。青年大学生应从王朴老师身上汲取力量，在未来的工作岗位上严格遵守职业生活中的道德规范，做新时代合格的大学生。

【融教学】

王朴老师的案例，可应用于讲解第一章第二节第一目"高尚的人生追求"，引导大学生树立服务人民，奉献社会的高尚人生追求。一个人确立了服务人民、奉献社会的人生追求，才能清楚地把握人生的奋斗目标，深刻理解人为了什么而活、应该走什么样的人生之路等道理。王朴夫妻始终不忘教师初心，将教育的种子播向乡村，将自己的一生奉献给乡村，为乡村发展贡献力量。作为新时代大学生也应把为国家和人民事业无私奉献作为人生的最高追求，在服务人民、奉献社会中收获成长和进步。

此案例还可应用于讲解第五章第三节第二目"恪守职业道德"。职业道德是职业生活中需遵守的基本道德规范。王朴夫妻对乡村的教育工作极其热爱，尽职尽责，展现出高尚的人格魅力。青年大学生在未来的工作岗位中，也应干一行爱一行，爱一行钻一行，精益求精，为经济社会发展贡献智慧和力量。

【拓思考】

1. 请结合所学知识谈谈，为什么服务人民，奉献社会是人类迄今为止最先进的人生追求？

2. 请同学们搜集不同行业的职业道德标准，以小组为单位进行汇报。

教学案例八　张聪：把双脚深深扎根在家乡的土地

【阅案例】

张聪出生在城口县明通镇。2009 年大学毕业后，他不顾家人反对和朋友劝阻，毅然决定回到家乡。"我舍不得繁华的城市生活，但更丢不下贫穷落后的家乡。我不怕工作苦、条件差、待遇低，只想为家乡发展和乡亲们脱贫致富尽一份绵薄之力。"

朴实的话语、真挚的感情、铿锵的决心，感染了乡亲，打动了明通镇党委一班人。在组织和党员群众的信任与期盼中，他当选为明通镇大塘社区专职干部，并逐渐成长为居委会主任、党支部书记。2015 年，他通过公招考试成为复兴街道的一名公务员，但他毫不犹豫地选择了继续到农村工作，主动请缨担任柿坪村驻村干部、第一书记。2017 年，他通过遴选考试进入县委组织部工作，当时，正值全县脱贫攻坚"滚石上山"的关键时期，他只在机关工作了 5 个月，就再次挺身而出，主动要求接任修齐镇枇杷村第一书记，坚持奋战在脱贫攻坚一线。

枇杷村山大坡陡、基础薄弱、条件恶劣，是有名的穷村、弱村、深度贫困村，当地老百姓常说"枇杷枇杷，穷得掉渣"。张聪深知，自己是"插班生"，对村里的情况一知半解，必须搞清楚情况，心中有数才能迈开脚步。4 年多来，他战严寒斗酷暑，爬坡上坎、攀岩走壁，坐群众坑头、进田间地头，饿了嚼干粮、困了住农家，走遍了全村 344 户人家，家长里短记满了 10 个笔记本，脑海里是一幅完整的村容画、村情图、民意谱。在此基础上，他提出并完善了"枇杷村村规民约、村干部管理办法、诚信十条、新时代文明实践积分"等发展思路，为枇杷村的发展带来了春天。

作为第一书记，要把对党忠诚体现在抓党建促脱贫上。张聪同村党支部班子推心置腹、达成共识，公开承诺践诺整改支部建设突出问题 20 余个，每月雷打不动坚持"三会一课"；严格落实村干部坐班、走访、民事代办等制度，深受群众好评。在"两学一做"学习教育、疫情防控和党史学习教育中，探索并不断树立"一名党员一个桩、百名党员一张网"的为民办实事品牌，解决群众急难愁盼问题 70 余个，真正让党支部成了村民的主心骨，党员成了群众的先锋队。

张聪深入田间查看水稻生长情况

为解决产业发展"巴掌田""鸡窝地"成不了气候的问题，他连续100多天召开200余场社员会、院坝会，一组一户因地制宜研究产业发展方案，提出以农村"三变"改革为抓手，村党支部引领、企业带基地、基地带产业、产业带农户"一引三带"产业发展模式，流转土地350余亩，发展圣桃、魔芋等特色种养项目320余亩、稻鸭共生生态循环项目30亩，建成了远近闻名的乡村旅游示范村。4年多来，全村贫困发生率从23.8%下降至零。为了改善人居环境，他积极动员村民参与，全力争取多方支持，农村安全饮水实现全覆盖，村民吃上了放心水；实施户貌"六改"205户，常态化开展"五干净六整齐"环境卫生整治；硬化村级公路17千米、生产便道2.4千米，公路和人行便道入户率达到88.3%、100%。如今，家家干净、户户畅通，整村打造的"黄墙灰瓦"已然成为一道亮丽的风景。

针对枇杷村曾经是矿业经济村，受宏观经济和产业结构调整影响，采矿项目被全部取缔关闭，遗留问题多、发展生态差的状况，他恪守公义仁爱、坚持雷厉风行，提出"小村庄大治理"思路，引导建立《村规民约》《红黑榜》《诚信十条》《文明积分》等，在全县率先开展自治、德治、法治"三治"融合乡村社会治理试点，累计化解历史问题55起。如今，干群关系和谐共融试点经验在全县推广。

脱贫攻坚全胜收官后，乡村振兴接续推进。作为一个踏出学校大门就在村里工作，整整干了12年农村工作的党员干部，张聪憧憬着火热的乡村振兴战场，按捺不住内心的向往和激动，尽管家里有父母需要照顾、常年驻村爱人时有抱怨、孩子即将上学需要照顾，还有回机关工作、学习的愿景和需要，但这所有的一切，都只汇成了短暂的犹豫和顾虑，丝毫不足以撼动他继续投身乡村振兴这一战场的坚定决心。经过向组织申请，2021 年 5 月，张聪作为乡村振兴首批第一书记，再次奔赴广袤的农村战场。

——资料来源：潘铎，郎娟.张聪：把双脚深深扎根在家乡的土地 [N].重庆日报，2022-07-21.

【析案例】

为人民服务是社会主义道德的核心，是社会主义道德区别和优越于其他社会形态道德的显著标志。张聪同志作为党员干部，同时是修齐镇枇杷村第一书记，将自己的美好青春年华都奉献给了脱贫攻坚工作，任劳任怨，倾情付出，彰显了共产党人的初心使命，他全心全意为人民服务的精神，值得钦佩。

中华传统美德重视集体利益，强调责任奉献。在中华传统道德的发展演化中，我们始终强调集体利益、国家利益和民族利益的重要性。张聪同志大学毕业后，不顾家人反对和朋友劝阻，毅然决定回到家乡，在家乡扎扎实实干了 12 个年头，也将自己的整个青春奉献给了自己的家乡，奉献给了家乡的人民，这都体现了他强烈的为国家、为人民奉献的精神。

【融教学】

张聪的案例，可应用于讲解第五章第一节第二目"坚持以为人民服务为核心"，引导大学生弘扬为人民服务的精神。张聪同志毕业后便来到家乡工作，为家乡的脱贫攻坚工作奉献了青春年华，更是践行了作为一名党员干部全心全意为人民服务的宗旨。新时代的大学生也应践行为人民服务，尊重人、理解人、关心人，为人民、为社会、为国家多做好事、多做贡献。

此案例还可应用于讲解第五章第二节第一目"传承中华传统美德"。中华传统美德的基本精神里尤为重视集体利益，强调责任奉献。张聪甘愿到工作苦、条件差、待遇低的农村工作，只想为家乡发展和乡亲们脱贫致富尽一份绵薄之力。他身上展现的高度社会责任感和奉献意识，值得我们学习。青年大学生也应当担当起"天下兴亡，匹夫有责"的责任，为实现中华民族伟大复兴贡献力量。

【拓思考】

1. 有人认为，在社会主义市场经济体制下，为人民服务的理念已经过时了。请学生以小组为单位辨析一下，这个观点正确吗，为什么？

第四篇　重庆感动人物融入思考

教学案例一　自强不息拼进清华大门的农村娃——李琦

【阅案例】

李琦患有进行性肌营养不良，由于小腿肌肉萎缩，行走艰难、极易摔跤。这种罕见的家族遗传病一直困扰着李琦和他的家人，也催生了他从事生物医学研究的梦想。通过付出比常人更多的努力，李琦一步步"摔"进了清华的校门，2022年被清华大学临床医学（八年制本硕博连读）专业录取。

"摔"进清华的男孩

11年前，李琦一家人在广东东莞生活，靠着父母务工为生。眼瞅着两个孩子渐渐长大，父母决定带着孩子回家乡生活。为兼顾孩子的学习，父母在临江中学大门外开起了小卖部，一家人其乐融融、安稳和睦。几年后，安稳的生活因疾病被打破，两个儿子在小升初阶段先后出现肌无力症状。其实，母亲早有类似症状，只因为表现较晚，只当是产后后遗症。一家人奔波于重庆各大医院看病，在经过基因检测后，被确诊为罕见的家族基因遗传病——进行性肌营养不良。在经历了内心的种种煎熬后，一家人又相互扶持，重建生活。

"慢半拍"的求学路

由于小腿肌肉萎缩，李琦走路要比正常人慢一半，他总是双手撑腰，找到身体着力点，一步跨两步往前，为了不迟到，为了不错过上课，为了能正常地和同学并肩说句话……走快了就摔跤，一天摔五六个跟头，李琦的膝盖总是青黑一片。

为了节约上学的时间，父亲李仁均都会准时接送李琦，但从学校到教室，李琦还需要花一刻钟。一步跨两步往前，摔跤是常有的事，同学见了总会习惯性地将李琦拽起来。"有一次爸爸送我去上学，催得比较急，我从楼梯上直接跳下去，脚没站稳，手也没抓住栏杆，直接摔趴。"摔跤对李琦来说早已习以为常。

在学校，上厕所是一大难题。教学楼的厕所在底楼，课间10分钟，教室在5楼的李琦上下要花十几分钟，从厕所回来极易迟到。为了不错过下一节课，李琦就憋着不上厕所，少喝水。

由于身体原因，李琦上课会比别人更累，很多时候一下课，李琦就趴在课桌上小睡。有时候白天耽搁了学习，李琦就晚上熬夜补回来。

励志学医终如愿

基因遗传疾病一直困扰着李琦一家，催生了他从事生物医学研究的梦想，也催生了他不懈奋斗的动力。在确诊患上进行性肌营养不良症后，李琦和家人都偷偷在网上查过相关病症，目前只能控制尚无法治疗，且随着年龄增长症状可能加重。改变身体概率已不大，但李琦依旧将医学研究作为目标，他想在医学方面有点成就，想通过自己的努力让更多人摆脱病痛折磨，也想好好研究这个困扰家族的疾病。

由于肌体功能缺陷，上下学极为不便，但他从未缺席过课堂学习，只是速度慢了点而已。虽然身体多有不便，但他加倍努力、不断坚持，终于学有所成、取得佳绩。高中3年，他学习成绩始终优异，长期保持在物理组合类年级前3名。其他学科特长突出，在"二诊"考试中英语139分、学校第一，化学97分、学校第一。最终他成功被清华大学自强计划录取到临床医学医师科学家项目（八年制本硕博连读）专业。

心怀感恩立志回报社会

李琦出生于一个农村的普通家庭，由于是家族遗传病，妈妈、哥哥、外公、舅舅都深受疾病困扰，昂贵的医疗费用让他的家庭陷入困境，高中3年他一直受到学校的贫困资助。李琦深知，正是因为国家、学校和老师的扶危济困，他才得以顺利完成高中学业，考进清华大门。

进入清华校园前，李琦都在坚持帮附近的学生做免费辅导。"妈妈说，如果高考成绩好，就多帮帮周围的人。"免费辅导是他和妈妈高考前的约定，更是他传递爱心的方式。除了辅导，李琦还在镇上做数据录入等志愿服务，他想尽己所能为社会做更多事。

滴水之恩，当涌泉相报。他以坚定的步伐向理想的大学进发，即便步履维艰甚至时常跌倒，但也绝不停歇。

做个慢一点的阳光少年

尽管行动不便，但他却阳光、自信面对生活。班主任李强见证李琦一步步"摔"着向前，还陪他参加了清华大学招生组在重庆的初试和成都的复试。在他看来，李琦心理素质强大，有面对困难的能力。

3 年来，他像一个正常孩子一样，参加了丰富多彩的活动，"庆祝五四运动100 周年文艺汇演""临江镇环卫治理"都有他的身影，他在一次次的磨炼中收获了友谊与信任。他积极参与学校的社会实践活动，主动融入学校社团，还曾担任过学校科技社社长。这些经历提升了他的沟通能力、锤炼了责任与担当，让他敢于面对困难，始终充满自信。

李琦有着过硬的综合素质，他曾获得区优秀共青团员、优秀班干部、五好少年、三好学生等称号，还被聘为临江镇"环境卫士""香绸扇文化大使"，在2021 年青少年高校科学营西安交通大学分营活动中，他被评为了优秀学员。

家乡被大山包围。李琦无数次凭栏遥望，希望走出大山，去往外面的世界。小时候，随父母在广东时，父母常带他去看海。如今李琦的心中也有一片大海：它纯净、包容、博爱且浩瀚无垠，它历经风雨却波澜不惊。

——资料来源：杨山姗.2022 年第三季度自强不息重庆好人：李琦［EB/OL］.重庆文明网，2022-10-31.

【析案例】

人生观决定着人生道路的方向，也决定着人们行为的价值取向和用什么样的方式对待实际生活。13 岁时发病致身体残疾，他身残志坚！逆风飞翔考入清华大学！这个少年是"自强不息"最好的诠释者！没有消极逃避，而是积极面对人生。病痛催生了李琦从事生物医学研究的梦想，也转化为他不懈奋斗的动力。通过付出比常人更多的努力，他以 659 分的优异成绩被清华大学临床医学类本硕博八年连读培养计划录取，"想要康复和救治更多的人"成为李琦从医的愿望与归宿。如今，那个曾为疾病迷茫的男孩，在不幸中珍存幸运，在跌跌撞撞中淬炼内心，坚毅地迈向自己的未来，正如他所说"我会认识和接受自己的缺陷，并带着这个缺陷，一直往前走"。没有积极进取的人生态度，再崇高的人生追求也难以真正实现。在初中时候的李琦有点自暴自弃，当时觉得人生后面这么长的路，全完了。但无论如何，日子终究是要过的。还是不得不往前，该上学的还是去上，该吃饭还是要吃。所以带着这个病往前追赶，就是他能做的事情，至少能够改变现状。命运哪怕对他不太公平，还是要付出努力。正如颁奖词所言"你在最低处窥见高处的亮光，怀揣心中的梦想，迎着逆风飞翔。让世人看见，不惧路途坎坷，站起来，就是生命的昂扬。自强不息，厚德载物，你将清华的精神传扬——不屈铸理想"。李琦的人生，是一次次坚强不屈撰写的平凡故事，是一点点拼搏奋斗凝聚的微光和希望。

【融教学】

本案例可应用于第一章第一节第二目"人生观的主要内容"的教学。教师通过讲述李琦的成长经历引导学生能够正确认识人生目的、人生态度和人生价值，进而正确处理三者之间的关系，有利于学生对自己的人生之路做好规划。

本案例还可以应用于第一章第二节第二目"积极进取的人生态度"和第一章第三节第一目"辩证对待人生矛盾"的教学。李琦在打破自身身体局限中，能够正视问题，采取积极向上的态度朝着自己的目标去奔赴，能够正确对待人生道路中遇到的顺境与逆境，以此让学生能够正确认识到在人生旅途中没有永远的顺境，也没有永远的逆境。无论是顺境还是逆境，对人生的作用都可能是双面的，关键是怎样去认识和对待他们。所以引导学生们要以李琦身上的精神品质为滋养，在遇到挫折，感觉气馁，心生放弃的时候，以此来激励自己。

【拓思考】

1. 身残志坚的李琦身上体现出怎样的一种人生观？
2. 结合李琦的经历，谈谈大学生应该如何正确处理人生矛盾？

教学案例二　勇夺世界技能大赛金牌的巴渝工匠——李小松

【阅案例】

"夺冠了！"日前，从 2022 年世界技能大赛特别赛日本赛区传来喜讯——重庆参赛选手、重庆电子工程职业学院学生李小松，夺得光电技术项目金牌。这也是中国在该项目上夺得的世界技能大赛首金！

或许很多人不会想到，这个站上"世界技能奥林匹克"领奖台的"00 后"世界冠军，曾是一个贪玩逃课、让老师头大的"捣蛋鬼"。

他是如何实现自己的完美逆袭的？

儿时偷拆家电做玩具车

李小松生于江西省一个普通农村家庭。"我父母都是当地农民，家里不富裕，我从小也没得到过什么玩具。"他说，小时候他很羡慕那些拥有电动玩具汽车的同龄小朋友，很想自己也能有一个，好拆开看看它们是怎么动起来的。

没有玩具车，那就自己造！李小松开始偷偷从家里的电器入手，小到手电筒，大到电视机，他都敢拆下来作为玩具车的制作原件。

拆着拆着，他渐渐变成了同学眼中的"反向爱迪生"，还在初中时，就成了同学眼里修理电脑、手机的"百晓生"。当然，这"拆家"的乐趣，可没少让他挨"板子"。

但是，李小松爱动手探究，却不怎么爱课堂学习，还时不时贪玩逃课，连老师也束手无策，结果就是意料之中的成绩不佳，中考成绩很不理想。

拿到中考成绩单，李小松终于警醒，开始反省自己。"总以为长大很遥远，其实只需要一夜而已。"从那以后，李小松变了，不再逃课，认真学习，并决定要学好一门专业技术。

"我也要成为世界冠军"

2018 年 9 月，李小松进入以电子专业闻名的重庆电子工程职业学院就读。在那里，他遇见了自己的伯乐——重庆电子工程职业学院老师蔡运富。

蔡运富告诉记者，在和李小松交流后，他决定让李小松加入自己的"智能电子产品设计与制作工匠工坊"工作室。

"李小松对自己未来有规划和期盼，为人勤奋踏实，执行能力特别强。"蔡运富说，他首先让李小松学习的，是单片机技术。没想到这一决定，让李小松一下子找回了儿时"拆家"的乐趣。

"不管是周末、还是节假日，他都不睡懒觉，总是一个人在实训室里反复练习。"蔡运富说，他好几次偷偷把李小松努力的模样拍下来，在班级群里分享。

一天，工作室里来了一位特别的演讲者——梁攀。他是第 45 届世界技能大赛电子技术项目冠军。

"我原本想法是学好一门技术，以后找个好工作，但听了梁攀的演讲后，我的想法变了。"李小松说，听完演讲，自己新的奋斗目标也从此确立——我也要成为世界冠军！

从那以后，李小松更拼了。两个学期，300 多个日夜，他坚持在实操训练中"加练"，在理论学习上"竞速"。

李小松"开挂"了！他的学业成绩从最开始的专业倒数一路攀升，最后稳居第一，不仅把学院里的奖学金统统拿了个遍，还多次获得市级、国家级专业技能大赛奖项，捧回了一摞摞证书和奖状。

2020 年，他在全国第一届职业技能大赛光电技术项目中获得银牌，并如愿拿到了 2022 年世界技能大赛特别赛的"入场券"。

自加压力备战世界技能大赛

为备战世界技能大赛，李小松开启了超强度训练模式。

"光电技术项目是新设比赛项目，没有'前路'可以提供参考。"李小松说。

为此，在专家组长周渝曦、教练蔡运富的指导下，李小松将比赛中涉及的每个知识点都延伸扩展至少 8 倍的训练量。同时，在数量、难度上做加法，在时间上做减法。比如，世界技能大赛比赛时间是 3.5 小时，李小松在备战中就要求自己必须在 2.5~3 小时内完成，为的是预留充足的时间来检查作品和应对突发情况。

"真没见过他这么拼的人。"李小松的同班同学商峻宁感叹，李小松每天早上 7 点出门，常常训练到凌晨才回寝室。后来，为了不打扰室友休息，李小松索性在实训室里安了一张床，每天吃住在那里。

"有一次，李小松训练到晚上 10 点，教练给他指出了一个灯带造型的小错误。"商峻宁告诉记者，原本以为李小松会次日再改进，没想到他立马就开始重做。其时，李小松已经训练了 11 个小时，其间仅吃了顿午饭。待他重新完成 LED 灯带造型时，时间已过了零点，那时候他才泡了一包方便面填肚子。

"他为了每天'复盘'自己的训练过程，还买了个摄像头。"商峻宁说，他不止一次看到李小松回放视频，并把失误或不完美的地方记录下来改进。

"反复训练寂寞且枯燥，那是自己和自己的较量。"训练、复盘、改进、再训练、再复盘，周而复始。最终，在 LED 造型项目上，李小松达到了误差不到0.1 毫米的惊人水准。

赛场唯一完成所有任务的选手

10 月 15 日至 18 日，2022 年世界技能大赛特别赛在日本举行。李小松参加的光电技术项目是本届比赛的新增项目。

"这个项目在实际生活中的应用十分广泛，包括户外 LED 显示屏的搭建维护、智能家居里的照明系统等光电结合的领域都属于这个范畴。"李小松说，世界技能大赛对参赛选手要求非常高，除需具备扎实的知识储备、理解能力和实操技术，还要在赛场上展示出本项技能在世界上的最高水平。

4 天比赛时间、7 大比赛内容。在智能照明控制系统的安装与调试模块中，7 个小时的比赛时长让很多选手体力不支，而早已适应高强度节奏的李小松在 6 小时内圆满完成。

在照明环境场景设计、模拟与仿真项目中，主办方临时将比赛时间从 3.5 小时缩短为 3 小时，并且在技术上难度加码，这让很多选手措手不及。李小松却不仅出色完成作品，还预留了充足的时间进行检查。

最终，李小松成为全场唯一一个完成了所有设备安装任务的选手，为中国捧回该项世界技能大赛比赛项目的首金！

李小松说，今后，他将继续发扬精益求精的工匠精神，"为中国实现制造业强国目标奉献自己的一份力量。"

——资料来源：黄乔 . 重庆电子工程职业学院学生李小松——世界技能大赛冠军炼成记［N］. 重庆日报，2022-11-17.

【析案例】

理想指引方向，信念决定成败。李小松在实现人生理想这条道路上，坎坷且艰难。为备战世界技能大赛，他每天训练量相当于平时的 8 倍，40 遍的灯具组装，50 遍的 PVC 管弯折练习，1000 个焊点的灯带焊接……终于苦练出了惊艳世界的本领，为中国赢得金牌。我们应该坚信不管在哪个岗位、哪个行业，只要自己肯奋斗肯努力就一定能够有所成就，实现自己的价值。理想信念是人生发展的内在动力，所以在自己规划的人生道路上，李小松一步一个脚印走得踏实而坚定。

科学的理想信念，既是指引人民穿越迷雾、辨识航向的灯塔，又是激励人们乘风破浪、搏击沧海的风帆。"这个时代充满了成长机遇，只要努力，每个人都能实现人生价值。"李小松说。荣誉面前，李小松仍然保持清醒，他希望成为一名职业教育老师，把自己的知识和经验传授给更多的孩子，帮助他们掌握技能，这也正是李小松能保持定力，拒绝外界诱惑的底气。

【融教学】

本案例可应用于第二章第一节第二目"理想信念是精神之'钙'"中"理想信念能够催生前进动力"的教学。李小松在成为世界冠军的道路上既能战胜困难又能自觉将个人发展与国家发展紧密结合，是什么力量在激励、推动他？除了勤勉，更是有着坚定的理想信念。通过讲述李小松的故事，让学生明确理想信念的力量，一个人有了崇高坚定的理想信念，才会以惊人的毅力和不懈的努力成就事业。进而可以引导学生树立坚定且崇高的理想，使学生能够将个人奋斗志向和国家需要相融合，奉献祖国，与祖国同行，使理想信念之花结出丰硕的成长成才之果。

本案例还可用于第二章第三节第一目"科学把握理想与现实的辩证统一"中"实现理想的长期性、艰巨性和曲折性"部分的教学。因为李小松对自己未来有规划和期盼，为人勤奋踏实，所以在学习中争分夺秒，吃别人不能吃的苦，做别人做不了的事，是这份坚强的意志力和勤奋成就了他。以此帮助大学生认识理想不是一天两天就可以实现的，理想具有长期性，需要长期努力。追求理想和实现理想的过程中，也不会一帆风顺，要经受各种挫折和考验，理想的实现具有曲折性。总而言之，要实现理想必须发扬艰苦奋斗的精神。

【拓思考】

1. 一份执着为梦想，一路坎坷终圆梦。结合自身实际谈谈你对实现理想的长期性、艰巨性和曲折性的理解。

2. 因为热爱与坚持，李小松终将"闪耀"世界。请思考理想信念在个人成长成才中发挥着怎样的作用。

教学案例三　矢志科技报国实业兴国的百岁老人——何庆钵

【阅案例】

"一个矢志不渝的梦想，一段科学报国的情怀。一片赤诚、一生奉献，这棵长青的生命之树，结满了爱国、富民、创新的累累硕果。"在 2 月 28 日晚的2021 年度"感动重庆十大人物"颁奖典礼上，这一段颁奖词授予了 105 岁的民建会员、原重庆市中小企业局高级工程师何庆钵。

钻研科技 坚定实业报国

何庆钵是中国研发电解法生产高锰酸钾的第一人。他生于 1917 年，1943 年毕业于南京药科大学化学制药专业。求学时，正值国难当头，何庆钵心怀"实业救国、科学救国"的信念，组织 200 多名同学，组建"新中国科学建设协进会"，创办了中国最早一批的中学生科普杂志《科学中学生》。作为创始人，何庆钵为杂志写下第一篇文章《富强康乐的根本》，文章强调，发展科学才是富民强国的根本。

抗战时期，汽油紧缺。"一滴汽油一滴血，点滴节油为抗战"的大幅标语，令何庆钵记忆犹新。彼时，汽油进口一度被中断，生产人造汽油所需的硫酸铵稀缺，而制造硫酸铵的硫酸则价比黄金。

"不用硫酸制造硫酸铵，这个方法是我发明的。"何庆钵发现，用人畜尿、硫酸盐为原料，可以取代昂贵的硫酸，这大大降低了生产硫酸铵的成本。在江北一处茅草棚，他和同学创办起工厂，开始大规模生产硫酸铵。他在回忆录里写道："成百上千的农民，用木桶在城乡收集人尿、牛尿，源源不断地送到工厂，那情景至今难忘。"

1949 年前，他用电解法制造药品高锰酸钾。这一次，他又独资创办了一家制药厂，批量生产高锰酸钾。工厂办得有声有色，他因此当选重庆市工商联的常务委员。

1956 年，工商界实行公私合营，何庆钵将两家工厂以及按当时政策规定每年可分得的固定资产利息，全部捐献给了国家。他创办的制药厂后更名为重庆嘉陵化工厂，他则专心在工厂从事技术研究工作，研发并推进棉纶生产等多个工业项目。

不忘初心 坚持科技创新

1979 年，62 岁的何庆钵没有选择退休，而是到重庆一家濒临倒闭的乡镇企业"救急"。根据多年所学，他帮助企业研发出一款营养保健饮料。产品上市后，很快打开销路，这家乡镇企业也获得了新生。

1985 年，68 岁的他正式从重庆市中小企业局退休。而后，他又在重庆南山开办起"重庆天然保健营养品研究所"及加工厂，主要研发保健饮料、饲料添加剂。

85 岁那年，何庆钵"突发奇想"，想改善家中的空气质量，研发一台空气净化器。"我们全家都不相信，没想到，他居然搞成了，还拿到了国家专利证书。"何庆钵的女儿何葆真从厚厚的一堆资料中，翻出一张专利证书的复印件。

家中一台老旧的空气净化器，就是他根据自己的研究成果组装而成的。"小到螺丝帽，大到不锈钢桶，一台空气净化器需要几十种材料。"何庆钵说道，从市场里买回来材料，就学习电工、钳工，一次次反复修改，不断提升，最终拿到了国家专利证书。

94 岁时，"爱折腾"的他又在自家附近租赁办公场地，开办新公司，准备自产自销空气净化器……"希望自己的发明专利能走向市场，赚不赚钱无所谓，个人生活过得去就行了。"何庆钵始终保持着乐观淡然的心态。

自 20 世纪 80 年代以来，何庆钵潜心研究、专攻发明创新，先后申报了数十项专利和发明，其中获得国家专利局认可的专利有酸枣仁酸钙补钙剂的制法、山楂酸钙补钙剂的制法、离心水流循环透刷洗衣机、用硫铁矿废渣作原料生产硫酸等十余项。而最近一项专利更是在 2017 年获得，那一年，他 100 岁。

长寿之道 不停运动思考

"精神方面要保持愉悦，一天忧心忡忡如何能健康呢？""心情要坦荡，仰不愧于天，俯不怍于人！"说起"长寿之道"，何庆钵一边拿出自己总结的"健康我识"，一边乐呵呵地讲解起来。

已 105 岁高龄的何庆钵每天都要扶着助行器在客厅走路，每天走 3 次，总共不低于 55 个来回。"生命在于运动。一边走一边数，既锻炼脑子，又锻炼身体。"何庆钵说，在现在的生活条件下，长寿其实并不难，关键是自己要快乐。

问及老人的愿望，他说希望还能够精深钻研化学制药，研发出治愈癌症的药物。

"不改英姿不改颜，吐尽余香献余热。"回望百岁人生，何庆钵老人写下这句诗，用以自勉，这也是他一生最真实的写照。

——资料来源：程颖．重庆政协百岁老人科技情——记民建会员何庆钵[N]．重庆政协报，2022-03-24.

【析案例】

纵观人类发展历史，创新始终是一个国家、一个民族发展的重要力量，也是推动人类社会进步的重要力量。何庆钵学生时代立志科学救国，组织200余名同学，组建"新中国科学建设协进会"，编辑出版中学生科普杂志《科学中学生》。抗战时期，他创办药厂，成功研发并生产出价廉物美的硫酸铵，为人造汽油生产做出重大贡献。新中国成立前夕，他通过电解法制造出高锰酸钾，又独资创办一家制药厂，批量生产高锰酸钾。新中国成立后，他将两家工厂全部捐献给国家，专心技术研发并推进棉纶生产等工业项目。1985年他从中小企业局退休，开办企业，研发保健饮料、饲料添加剂。85岁时研发空气净化器并获得国家专利，105岁的他仍在思考发明创造。何庆钵老人的一生正如他写下的诗句"不改英姿不改颜，吐尽余香献余热"一般，是一位实业报国、科学兴国的奋斗者、践行者。

【融教学】

本案例可用于第三章第三节第三目"做改革创新生力军"的教学，结合何庆钵事迹引导学生明白创新是推动人类社会发展的第一动力，创新能力是当今国际竞争新优势的集中体现。让学生认识到坚持改革创新是新时代国家经济增长、社会发展和积极应对国内外局势、有效应对社会突发危机挫折的迫切要求。大学生要想有所作为，就必须以时代的历史使命为己任，把握时代的脉搏，迎接变革的挑战。大学生是改革创新的生力军，要在改革创新的实践中奉献祖国、服务人民、实现价值，让改革创新成为青春远航的强大动力。教师要鼓励大学生树立改革创新的自觉意识，包括自觉增强改革创新的责任感、树立敢于突破陈规的意识、树立大胆探索未知领域的信心、树立以创新创造为目标的志向。

【拓思考】

1. "吐尽余香献余热，燃尽成灰默无言。"请结合所学专业思考大学生能为国家创新发展贡献什么力量？

  2. 百岁不言老，至今思创新。谈谈大学生如何在自己的专业领域走在改革创新前列？

教学案例四　不畏艰险执行维和任务的重庆女警——廖洁

【阅案例】

2022 年春节前夕，一架自南苏丹归国的飞机，顺利降落机场。在历经了737 天后，载誉而归的维和民警廖洁圆满完成任务，回归祖国的怀抱。大使馆专门来信肯定她在执行任务期间的突出贡献，并向这一抹在南苏丹绚烂绽放的中国红表示祝贺。

今年 36 岁的廖洁是重庆市公安局两江新区分局民警，2019 年 12 月赴南苏丹执行维和任务，她是中国警队派驻南苏丹任务区的第一位女警队长，坚守南苏丹两年，心系和平，胸怀梦想，甘愿与艰苦为伍、与战火为伴，把家国情怀化为和平的心愿，把女儿柔情化成钢铁意志，用勇气、信念与智慧彰显中国精神、中国力量，连续 4 次获得联合国半年考评中仅有 2% 的维和人员能够得到的"非常优秀"等次，获 2021 年"最美基层民警"提名奖，2020 年度"感动重庆十大人物""最美渝警楷模"称号。

身兼数职、勇担重任的"拼命三娘"

2019 年 3 月，重庆市公安局开始选拔维和警察。

"参加光荣的维和任务，丰富人生阅历、迎接新挑战。"有着丰富而出色的警种、派出所、办公室工作经历的廖洁毅然报名。经过 9 个月的甄选，精通英语，警务素质全面过硬，并曾支教泰国的廖洁脱颖而出，获得了前往南苏丹任务区的"通行证"。

2019 年 12 月 16 日，廖洁随中国第 8 支赴南苏丹维和警队到达南苏丹。炽热贫瘠的土地，漫天飞舞的黄沙，破败不堪的街道，满街乞讨的平民，无一不在诉说着战争给这个国家带来的深重灾难，也深深地震惊了廖洁和警队成员。

初到任务区，廖洁便因工作劳累、水土不服导致免疫力急剧下降，咳嗽、疱疹一并发作。而任务区抢劫、暴乱时有发生，危险重重、枪声不断，每一次维和行动，都面临着不可预知的风险与挑战。

动荡的政治环境、恶劣的自然环境、艰苦的工作生活条件，远离亲人朋友的孤独，在任务区长时间高强度工作让廖洁和战友们生理上和心理上都承受着巨大的压力。然而这些困难没有压倒廖洁，"穿着有五星红旗的警服，决不能给祖国和人民丢脸",心中的信念朴素而坚定。这个重庆辣妹子化身"拼命三娘"向世界展示中国警察的风采。

后勤保障任务在南苏丹极其困难繁杂,廖洁却主动竞聘成为朱巴战区后勤负责人,凭借女性独有的细腻将协调保障办公生活物资、执勤车辆、安保设置等后勤工作安排得井井有条。

2020年3月,南苏丹疫情暴发前,廖洁又积极研究学习国内疫情防控经验,在当地疫情蔓延前就起草了联南苏团朱巴战区防疫计划。该计划得到联南苏团高层的充分肯定,向整个任务区推广。她又被任命为朱巴战区新冠病毒防范工作事务官,负责保障整个朱巴战区抗疫工作的防护、统计、隔离及协调工作。

当疫情蔓延,大多数联合国工作人员居家办公时,廖洁忙碌的身影出现在任务区各个角落。疫情肆虐,南苏丹安全形势也愈加紧张。她又组织开展防疫培训,引导当地武装力量和平民科学认识疫情,缓解紧张态势,促进难民营转化计划的顺利实施。因防疫工作突出,廖洁两次荣获战区嘉奖。

"她展示了专业的工作水准和高度负责的态度。"联合国警察内部考评报告这样评价廖洁。2021年8月廖洁成为中国警队派驻南苏丹的第一位女警队长。

"她最大的特点就是自己带头敢打敢拼,永远为警队着想,有任何困难都自己先顶上。"警队同志们这样称赞廖洁。在她的带领下,第九支中国维和警队全体队员不负重托、不辱使命,刷新了中国维和警察派驻南苏丹以来受聘总部和地区高级别岗位最高纪录,也成为目前任务区竞聘成功比例最高的警队。

2021年10月26日,联合国南苏丹特派团隆重举行授勋仪式。特派团代理警监在发言中,特别赞扬了廖洁的突出贡献,并鼓励中国及其他出警国向任务区派驻更多优秀的女警。

满腔真诚、播洒阳光的"中国妹妹"

廖洁总说:"维和工作是爱的事业,只有带着满腔真诚,才能不断传递爱的火炬,照亮那些最需要阳光的地方。"

维和女警还有一项特殊的任务——帮助当地的妇女儿童。作为任务区女警协会成员、朱巴战区保护妇女权益的负责人,廖洁始终关注着当地妇女儿童的生存状况,积极参加联合国为当地妇女争取权利的活动和集会。

在任务区里,她注重与当地军警和社区的联系,主动了解他们的需求,用真情真爱打动他们、帮助他们。

每次与当地妇女近距离接触,廖洁都主动倾听她们的声音,给出建议,积极为她们协调生活物资,鼓励制作手工制品并协助联系售卖渠道,帮助她们建立自信。特别是为保证当地妇女在难民营移交后得到妥善安排，她提出增派女警到检查站工作，建立专门的女警值班备勤室。因对女性的关心关爱，当地妇女和女性警察都亲切地称廖洁为"中国妹妹"。

当地儿童的境况也不容忽视。长年战乱，内耗严重，南苏丹儿童极度营养不良，很多孩子都因战争失去了父母。

廖洁和几名志愿者一直援助帮扶朱巴地区的一个孤儿院，除了捐赠钱物，她每次都会带上自己做的食物，或帮孩子们买些衣服、鞋子和足球，并且一定会留足时间和他们一起玩耍，让他们尽可能享受到同龄人该有的快乐。

孤儿院有一个孩子，在亲眼看到父母被虐杀后，便不再开口说话，但每次看见廖浩和志愿者们，他总会主动跑过去亲近。每一次，看见小男孩脸上的笑容和眼里的信任，都让廖洁觉得一切付出都是值得的。

用爱坚守、绚烂绽放的中国红

"感动重庆十大人物""最美渝警楷模"称号，2020年年底，廖洁荣誉载身。

此时的廖洁任务期已满，凯旋归国与家人团聚，本是廖洁此时的最佳选择。然而她却主动申请延期半年，原因很简单："因为好多事情已经上手了，我愿意继续做下去，竭尽所能地帮助当地人民，也为下一批警队到来做好准备。"

半年后，在安排好第九支赴南苏丹维和警队的前期工作后，廖洁再次选择延期半年，帮助警队扎稳脚跟，也为所热爱的维和事业做出更多贡献。

在廖洁的带领下，中国维和警察精神也在不断延续传承。2003年，中国维和警察孙东兴自己出资在瓦乌修建派出所，搭建了中南友谊的桥梁。13年过去了，面对早已陈旧的所舍，廖洁决心予以修缮，让这一象征中南友谊的标志历久弥新。

在极度落后的南苏丹，材料、施工都是难题。廖洁主动向中国驻南苏丹使馆寻求帮助。在使馆的协调和帮助下，南苏丹的中国企业天元公司被警队深深打动，决定全力支持配合。2021年10月16日，东兴派出所翻新工程顺利竣工，联南苏团专门刊文向各国维和警队宣传表扬中国警察的模范行为。孙东兴在得知这个消息后专门发来信息对警队所做的工作表示感谢。

在廖洁离开任务区前的告别通话中，联南苏团特派团警察总部高级人事选拔官 Soma 动情地说："你是我见过最负责任的警队长，你身上所散发的乐观和不服输的态度让我由衷感到敬佩。"当地警方负责人真诚地对廖洁说："你给了我们很多无私的帮助，我们和所有南苏丹人民都会想念你的。"

"志之所趋，无远弗届，穷山距海，不能限也。"习近平总书记对广大青年的殷切期望，也正是廖洁维和历程的最好写照。

两年时间，廖洁用忠诚、坚守和热爱，让联合国记住了一名优秀的中国女性、一名勇敢的中国警察。她在战乱动荡中留下最美的姿态，在贫瘠大地上播撒爱的种子，让中国维和警察精神在南苏丹生根发芽，如簇簇非洲长春花，迎着阳光绽放人生最美的那抹红！

"向世界展示中国警察风采是我的使命，而强大的祖国则是我在任务区的最大底气！"展望未来，廖洁说，"我将继续踏实努力，矢志不渝地与战友一起并肩作战，为新时代公安工作贡献力量，全力护航助力中国梦的实现。"

——资料来源：郑欣，王梓龙，罗新．廖洁：绽放在南苏丹的中国红［J］.人民公安，2022，5（17-19）.

【析案例】

"人无精神则不立，国无精神则不强。"国家精神，是一个国家、一个民族的魂。国之魂者，立国之本。国魂就是中华民族屹立世界民族之林不倒，也绝不可撼动的"中国精神"。而千千万万为国家做出贡献的人，千千万万在生活中闪耀真善美的人，都是"中国精神"的造就者。

2019年12月，廖洁主动请缨到南苏丹——联合国最危险的维和任务区之一，执行维和任务。面对艰巨的维和任务、恶劣的生活条件，她深入践行"忠诚、拼搏、团结、奉献"的中国维和警察精神，先后参与维和行动50余次，提出战区难民营工作防护计划，得到战区通报表彰。新冠疫情暴发后，她第一时间收集国内抗疫经验，主笔撰写了《朱巴战区新冠病毒抗疫工作指南》，向世界推广中国抗疫经验，广获赞誉。联合国考核中，她凭借优异表现，获得任务区仅有2%维和警察才能得到的"非常优秀"评价，更是朱巴战区唯一两获嘉奖的维和警察。

【融教学】

本案例可应用于第三章第一节"中国精神是兴国强国之魂"的教学。廖洁为了世界和平，远行万里，深入战区，把异国作家乡。为了祖国荣耀，将女儿柔情，化成钢铁意志，用勇气、信念与智慧彰显中国精神、中国力量——巾帼有豪情。以此引导学生以廖洁同志为榜样，学习她坚守信念、对党忠诚的崇高精神，爱岗敬业、默默奉献的优秀品质，开拓创新、攻坚克难的进取精神。大学生是民族的希望和祖国的未来，要努力将中国精神转化为青春行动，勇做弘扬和践行中国精神的时代先锋，为国家富强、民族振兴、人民幸福贡献自己的智慧和力量。

【拓思考】

1. 谈谈你对"人无精神则不立，国无精神则不强"的认识。
2. 大学生在成长成才的过程中如何发扬中国精神？

教学案例五　红岩精神的优秀传播者——红岩故事宣讲团

【阅案例】

"红岩上红梅开，千里冰霜脚下踩。三九严寒何所惧，一片丹心向阳开……"波澜壮阔的百年历史，风雨如磐的斗争岁月，艰险复杂的生存环境，中国共产党人以崇高的思想境界和非凡的政治智慧，英勇斗争，在重庆这块红色土地上孕育出伟大的"红岩精神"。

为了让红岩精神历久弥新、深入人心，重庆红岩联线文化发展管理中心（重庆红岩革命历史博物馆）的红岩故事宣讲团肩负起了"弘扬红岩精神、讲好红岩故事、传播革命文化"的职责任务。进企业、进农村、进机关、进校园、进社区、进军营，用百姓喜闻乐见的方式，演绎红岩革命故事，刻画出一位位有血有肉有灵魂的红岩人物。

红岩故事宣讲团荣获 2021 年度"感动重庆十大人物"特别奖。

红岩故事宣讲团成立于 2011 年，主要由重庆红岩革命历史博物馆 50 余名一线讲解员组成。这群平均年龄不到 30 岁的年轻人，始终坚守"举旗帜、聚民心、育新人、兴文化、展形象"的时代使命，坚持以人民为中心，创新开展的"六进"文化惠民活动，深受广大人民群众的喜爱。2019 年，宣讲团荣获"第五批重庆市岗位学雷锋示范点"称号。

自 2011 年以来，红岩故事宣讲团先后走进重庆 38 个区县和 286 所学校，赴上海、江苏、天津、陕西、湖北等地宣讲 3000 余场，受众 30 余万人次，取得了良好的社会反响。2014 年 7 月，宣讲团把红岩故事带进了昌都、芒康、盐井等地，受到了藏区同胞"缺氧不缺精神"的称赞。2020 年 9 月至今，宣讲团的骨干成员作为红岩革命故事展演的宣讲主力，先后走进市委小礼堂、人民大厦、国泰大剧院为机关、国企以及重庆大学、武汉大学、四川大学等全国各大高校宣讲 200 余场，现场群众超过 34 万人次，网络点击量超 266 万人次，各级媒体平台给予了广泛关注和积极报道。

"我们都是红岩的后代，红岩精神已经深入我们的骨髓。宣讲团所有工作人员怀揣着对红岩的热爱之心，用老百姓最能接受的语言和形式传扬红岩精神、赓续红色血脉，这也是我们义不容辞的职责。"这是所有宣讲团工作人员的初心，也是他们用心用情讲好红岩故事，让革命精神在群众心中牢牢扎根的不竭动力源泉。

即使是在红岩革命纪念馆、在白公馆渣滓洞，进行成百上千场的红岩故事讲解，他们也不觉厌倦。于他们而言，每次讲解都有全新的内心体验，也能在讲解中不断体味红岩魅力。"红岩，是我们人生最值得珍藏的经历，是我永远也不能放下的记忆。"

主持人在领奖台上问"张露萍"的扮演者，为什么每次演出她都那么投入，把角色塑造得那么鲜活？"红岩是我的精神原乡。"她答道，用心、用情去了解那段历史，让自己成为张露萍，"传承她、传颂她"。

正如颁奖词所讲："带着那段波澜壮阔的红色故事，穿越历史与时光，用心用情，讲诵展演，演活了一座城市的荣耀记忆，树起了一座时代的精神丰碑——红岩精神代代传！"

——资料来源：林楠，戴子妍，李文科.2021年度"感动重庆十大人物"｜红岩故事宣讲团：用心用情讲好红岩故事 做红岩精神的优秀传播者［EB/OL］.华龙网，2022-03-11.

【析案例】

历史川流不息，精神代代相传。传承红岩精神是中国共产党人精神谱系的重要组成部分，红岩故事家喻户晓，感动了一代又一代人。在传承弘扬红岩精神的征程中，红岩故事宣讲团辛勤耕耘在红岩文化研究与传播的广阔天地，忙碌奔走于繁华都市或乡野山村，无论走到哪里，都成为人们眼中一道靓丽的风景。他们始终坚守初心，担当使命，几十年如一日，通过文字、图片、书刊、展览、讲座、报告、演艺等丰富多彩的形式，用心用情用力，鲜活地讲述一个个动人的故事、一段段珍贵的历史，让革命文化深入传播，让红色血脉广泛赓续，让红岩精神世代传承，充分展示了博物馆的力量。

【融教学】

本案例可应用于第三章第一节"中国精神是兴国强国之魂"的教学。红岩故事宣讲团发挥好革命文物在党史学习教育、革命传统教育、爱国主义教育等方面的重要作用，激发广大群众的精神力量，信心百倍地为全面建设社会主义现代化国家、实现中华民族伟大复兴中国梦而奋斗。要让学生深刻认识红岩精神作为中国共产党人的精神谱系的重要组成部分，是中国共产党领导人民在实践中集体奋斗和共同创造的，集体体现了党的坚定信念、根本宗旨、优良作风，凝聚着中国共产党人艰苦奋斗、牺牲奉献、开拓进取的伟大品格，深深融入我们党、国家、民族、人民的血脉之中，激励和鼓舞中国人民攻坚克难，不断从胜利走向新的胜利。

【拓思考】

1. 宣讲红岩精神对当下社会发展有何重要意义？
2. 作为大学生如何弘扬传承红岩精神？

教学案例六　用生命热情温暖群众的扶贫干部——胡华平

【阅案例】

2020年8月26日，星期三。上午9时刚过，重庆市涪陵区青羊镇吴家村村民杨仁淑站在自家院坝的一头，满脸期待地朝着村道路的那一头张望，如往常一样，等待那一张已经非常熟悉的脸出现在视野里。

时间一分一秒流逝，路的那头始终没有动静。杨仁淑眼中的光渐渐淡去，一手捂着胸口，一手遮住双眼，忍不住流下了滚烫的泪水——他走了，真的走了，带着对扶贫事业最深沉的牵挂，带着贫困山村群众对他最不舍的呼唤……

时间倒回8月25日，这是一个让涪陵区青羊镇干部群众伤心悲痛的日子。这一天，正在村里参加扶贫工作会议的区市场监管局三级调研员、驻青羊镇吴家村扶贫工作队队员胡华平因突发疾病，晕倒在会场上，经抢救无效去世，58岁的生命定格在了扶贫路上。

消息传出，吴家村的贫困户无不伤心落泪。他们扼腕叹息：用生命中的全部热情温暖扶贫路的胡华平就这么走了！他再也看不到大家摆脱贫困走上致富道路的笑脸，再也尝不到流入每家每户的甘甜的山泉水，再也听不到大山里飞出金凤凰的捷报……

斯人已逝，悠思长存。当地群众深情缅怀，有无尽的哀思，更有对这位有着29年党龄的共产党员坚守初心、担当使命的深深敬仰。

不是亲人　胜似亲人

"得知老胡突然离世，我们一家人都非常伤心。回想起这几年来的点点滴滴，仿佛就在昨天……"今年55岁的杨仁淑是吴家村4组村民，作为建卡贫困户，她是胡华平生前的帮扶对象。

2017年年底，胡华平作为扶贫驻村帮扶干部进驻吴家村。"那段时间，老胡天天到我家来，主动和我们交心谈心，帮助分析致贫原因，鼓励我们树立勤劳致富的信心。"杨仁淑说。

在大力帮助杨仁淑继续搞好已有农业生产的基础上，胡华平根据杨仁淑家的具体情况，为她送去了扶贫驻村工作队赠送的50只鸡苗和防治鸡瘟的药品，鼓励她发展养殖业。

3 个月后，看着土鸡卖出后拿到手里的"真金白银"，杨仁淑一家争取脱贫的信心更足了。

从 2018 年到 2019 年，杨仁淑一家累计养殖土鸡 100 余只、土鸭 40 余只、生猪 10 余头，家庭收入得到改观，小日子越过越有盼头。随后，胡华平又为杨仁淑送去了金荞麦种子，动员她种植中药材。

"种植金荞麦的土地还是老胡帮我们平整的呢！这一晃，一年多了。"顺着杨仁淑的目光看过去，那一片土地上，长势喜人的金荞麦已快结出果实。

杨仁淑说，为了打消她的后顾之忧，胡华平告诉她，把药材种出来，他保证帮她全部卖出去。去年，杨仁淑种植的金荞麦丰收，2 亩地的金荞麦全部卖出，收入 6000 余元。

现在，杨仁淑一家年久失修的土墙房屋得到改造，建起一楼一底的砖混房屋，彩电、冰箱、洗衣机等电器一应俱全，还接通了自来水，一家人过上了好日子。

心有群众 行有大爱

说起胡华平，吴家村村委会主任冉书梅这样评价："他最值得我们学习的，就是求真务实的工作作风。"

她说，胡华平进驻吴家村以来，几乎天天在村里奔走，深入了解全村贫困户的情况，跟村民们都成了朋友。哪家的母猪又产了几头小猪，哪家的土鸡土鸭该出栏了，他都一清二楚。

不仅如此，如果哪家遇上了困难，胡华平比当事人还要着急，总是积极想办法。今年疫情防控期间，城里活禽市场关闭，贫困户养殖的土鸡土鸭卖不出去，他立即和扶贫干部以及村干部一起，将村里即将出栏的活禽统一进行宰杀，然后以消费扶贫的方式，动员市场监管局干部职工购买，及时解决了这一难题。在扶贫工作中，胡华平真正做到了扶真贫、真扶贫，因此也赢得了大家的信任。

吴家村党支部书记黄光平表示，正是因为胡华平对扶贫工作的执着和热爱，对社情民意的充分了解，给贫困户所提的每一条脱贫致富意见和建议，都在实践中得到了充分体现和印证。"我会以他为榜样，真心实意地为民办实事、办好事，像他一样，走到大家的心里去。"黄光平说。

榜样力量 不朽丰碑

作为同一个战壕的战友，扶贫驻村工作队队员、区市场监管局青羊镇市场监管所副所长王平说，胡华平留给他最深刻的印象是踏实的工作作风。进驻吴家村 3 年来，胡华平走遍了全村的每一个角落，家家户户都留下了他的足迹。据不完全统计，3 年来，胡华平累计走访贫困户 1200 次以上。

扶贫工作队初次调查走访贫困户发现，大家"等、靠、要"的思想非常严重，胡华平坚持"志智双扶"，让身边的人讲身边的事，以点带面，增强了贫困户勤劳致富的信心和决心，使脱贫攻坚工作取得了事半功倍的效果。

无论是发动贫困户发展种植和养殖业，还是帮助贫困户解决销售难问题，抑或是发展农村集体经济，胡华平讲求的都是一个"实"字。3 年来，吴家村先后涌现出袁洪书、许正菊等一批脱贫致富典型，这些成绩与胡华平数年来如一日的辛勤工作是分不开的。

胡华平是一名市场监管老兵，在驻村帮扶岗位上，他更是冲锋在前。在吴家村百姓心里，他们的扶贫干部老胡没有走！他勤勤恳恳、忘我工作的奉献精神，艰苦朴素、勤俭节约的优良作风，冲锋在前、迎难而上的责任担当，一心为民、服务群众的公仆情怀，将被永远铭记与传承。

——资料来源：文光辉. 用生命照亮山村扶贫路 [EB/OL]. 光明网，2020-09-12.

【析案例】

为人民服务，不仅是坚持历史唯物主义的必然要求，是中国共产党践行的根本宗旨，也是社会主义道德观的集中体现，是全体中国人民共同遵循的道德要求。2017 年 12 月，55 岁的胡华平响应组织号召，到青羊镇吴家村开展驻村扶贫工作。3 年来，他走遍了全村的每一个角落，家家户户都留下了他的足迹，累计走访贫困户 1200 次以上，完成 C、D 级危房改造 7 户，指导贫困户发展种养业，科学饲养鸡鸭鹅，精细发展中草药种植，指导成立涪陵辉要扬榨菜股份合作社，吸引村民入股发展榨菜产业。2020 年完成榨菜销售 7000 余斤，68 户建卡贫困户摘掉了"贫困帽"。2020 年 8 月 25 日上午，胡华平因劳累过度导致突发疾病，倒在扶贫工作开会现场，经全力抢救无效不幸去世。2020 年，胡华平被涪陵区委追授为"涪陵区优秀共产党员"。

光阴有限，托付山长水远；胸襟无垠，奉献雨露春风。精准扶贫，你不落一人；发展产业，你风雨兼程。你用生命镌刻出共产党员"不忘初心、牢记使命"的时代肖像——孺子牛。

【融教学】

本案例可应用于第五章第一节第二目"为人民服务"和第三目"坚持以集

体主义为原则"的教学。胡华平燃尽生命照亮村民脱贫之路的精神被人们铭记，并感染和激励着更多人。通过对胡华平事迹的讲解，教师引导学生践行为人民服务，就是要弘扬为人民服务的精神，尊重人、理解人、关心人，为人民、为社会多做好事，多做贡献。同时要让学生认识到集体主义离我们并不遥远，体现于具体的学习工作生活之中。人人都可以而且应当践行集体主义原则，沿着道德的阶梯循序渐进地向上攀登。当代大学生应该正确认识和处理国家利益、社会整体利益和个人利益的关系。只有各行各业的人都立足本职、各司其职，社会才能井井有条，国家才有发展基石。对个人来说，也只有国家强盛，每位国民才能够安居乐业，万千小家才能畅享太平。将个人价值与社会贡献对接，把个人价值寄托在对国家对集体的大爱与奋斗中，今天的中国呼唤更多这样有使命自觉的人。

【拓思考】

1. 有人认为，社会主义市场经济的本质就是个人在市场中获得最大利益，是"为人民币服务"，而不是"为人民服务"。这种说法对吗？

2. 有人认为，集体主义道德原则只适用于计划经济条件下。在社会主义市场经济条件下，集体主义已经过时了。这种说法对吗？

教学案例七　守护一江碧水的"水医生"——魏嵬

【阅案例】

"把着生态屏障的最后关口，扛着守护长江重庆段的国家使命，奔走在青山绿水之间，一腔赤诚，万千足迹，清江碧水，是你写在祖国大地最美的诗行……"

作为重庆市巫山县生态环境监测站副站长的魏嵬扎根一线，投身于长江生态环境保护工作中，一干就是18年。18年来，跋重山、涉千水，他的足迹遍布巫山县域内长江段及其6条支流，行程超8万千米水路，相当于绕地球一周。

魏嵬现年42岁，2005年从青岛理工大学环境科学专业毕业后，回到家乡巫山投身长江生态环境保护工作。每月上旬，魏嵬和同事们都会按时对长江干流及6条支流开展水质例行监测。每月上旬、中旬、下旬，他们还要对各支流的回水段开展水质巡查及预警。

打水、采样、分装……魏嵬和同事们有条不紊地采样，每一个步骤他们都一丝不苟。

大家知道，采样的每一个步骤都事关监测结果，采样的位置必须准确，容器必须严格达标，试剂少一滴或多一滴都不容有差，这不仅仅是科学的要求，更是在魏嵬的带领下，监测站所有人共同遵循的基本原则。

因为经常身着白大褂开展采样监测和实验分析工作，魏嵬和同事们也被称为"水医生"。给长江及其支流的水质做"体检"，时刻关注水质变化情况，出报告就是他们的职责。

魏嵬记得刚入行没多久，他们的采集用船，还是租用的铁皮船。有一年冬天，他和同事们在大宁河花台断面采样时，由于船头站的人较多，回舱取东西时他不慎落入水中，在接近零度的水中被冻得瑟瑟发抖，为保证任务的顺利完成，监测站的站长吴光应和另一位同事赶紧脱下毛衣和秋裤给他穿上，同事的帮助如同暖流一般温暖。最终，他咬紧牙关克服了困难，完成了采样工作。

站里的前辈们手把手教学，魏嵬自己也刻苦钻研，在一次次外出采样中魏嵬越发得心应手。如今的魏嵬，已经成长为站内的技术领头人，个人持证上岗项目达54项，占全站持证上岗人数的一半以上。

"但除了自己要钻研技术、提升业务能力，全站的各项水平也得跟上。"魏嵬说。因此，带徒弟也成了他的工作之一。在站里的18年，魏嵬见证着一批又一批同事来来往往，见证着监测船、监测工具和实验设备的一次次升级换代，但"传承"二字始终萦绕心头，他不仅向年轻同事们传授工作中的经验技术，还在潜移默化中传承了对长江生态环境保护的情怀。

"守护重庆长江流域'东大门'是我的初心和使命。"魏嵬说，他和同事们每年要完成巫山县 26 个乡镇街道、34 处集中式饮用水源地的采样监测，为决策提供科学有效的数据支撑。

在巫山县推进国家地表水环境质量监测网水质自动监测站的建设工作中，从站房选址，到建设过程中的质量监督、技术指导，再到自动监测仪器的安装调试、稳定运行，魏嵬都全程参与，以确保自动监测数据能真实准确反映环境质量状况。如今，长江重庆段出境断面稳定保持在 II 类水质标准，各支流水质稳定达到相应水域功能水质标准，达标率 100%。

魏嵬说："我很高兴能够从事环保工作，能够亲眼见证家乡在生态环境方面所取得的成绩，我将继续坚守在环保一线，扎实做好环境监测工作，为环境决策提供有效的数据支撑，继续守护好一江碧水、两岸青山。"

——资料来源：李前磊，周思宇，周文冲. 全球连线丨重庆巫山：守护一江碧水的"水医生"[N]，新华社，2023-03-21.

【析案例】

社会主义核心价值观是汇聚起全民力量、最终战胜困难的强大精神动力。正是社会主义核心价值观所具有的人民性本质特征、集体主义价值原则、友善互助价值观念等，长期以来在中华儿女心中扎下了根，大家才心往一处想，劲往一处使。魏嵬长期扎根并服务于基层，坚守在环境监测保护长江的一线岗位。16 载一线守护，跋山涉水，风吹雨淋，足迹遍布巫山县域内长江段及其 6 条支流，行程超 8 万千米水路。他是技术领头人，个人持证上岗项目达 54 项。2020 年新冠疫情防控期间，他多次带领监测人员深入一线开展废水采样监测，确保水环境质量安全……他尽全力做好辖区内的环境质量监测，污染源监督监测和执法、应急等监测工作，守护"一江碧水、两岸青山"，守好"渝东门户"。

【融教学】

本案例可应用于第四章第一节第二目"社会主义核心价值观的基本内容"的教学。守护重庆长江流域"东大门"是魏嵬的初心和使命，他将继续当好长江巫山段的"水医生"，让每一捧长江水都回味甘甜。魏嵬在平凡的岗位上默默奉献、孜孜以求、不断创新，以聪明才智、敬业勤勉，书写着一线劳动者的不平凡，他们为我们的时代，为我们的社会做出突出的贡献。通过案例讲解，学生能够深刻理解社会主义核心价值观所倡导的敬业，积极做社会主义核心价值观的践行者。

【拓思考】

1. 你的专业能为社会发展做什么贡献？
2. 作为技能型人才如何锤炼"大国工匠"之精神？

教学案例八　暮光里的 90 后守护者——周灿

【阅案例】

她很年轻，29 岁，拥有充盈的生命力；她又很老成，5 年来坚守着临终关怀这份工作，日日与死亡为邻。她是周灿，重庆市第一社会福利院的一名社工，长相甜美，声线温柔。

2016 年，周灿结束了大学生活，踏上工作岗位。时年，重庆市第一福利院刚好启动了临终关怀服务，90 后的她成为全院第一个"吃螃蟹"的人。"生命都有尽头，死亡需要一个人走过，当那一刻来临，我要做的，就是尽量让人们不孤独。"谈起这份"神秘"的工作，周灿说，用生命慰藉生命，这便是她生活的意义。

从"你有病"到"你真好"

在很多人的心里，善终，是一个人一生中莫大的福气。但刚开始接触临终关怀服务工作时，周灿发现想要守护这"福气"并不容易。

2016 年刚开始接手临终关怀项目时，24 岁的周灿显得很"天真"。"那时，我天真到以为直接问家属，老人是否需要临终关怀服务，就可以得到他们的允许。"周灿忘了，对常人来说，"死亡"尚且是个讳莫如深的词语，对重病在床的老人而言，则显得更为冷酷和"不吉利"。

"你有病吧？""乌鸦嘴！"当周灿给可以实施临终关怀的老人家属打电话时，往往被骂得狗血淋头，还有的直接把她从手机里拉黑，不再接电话。

明明是件好事，为什么却好像推行不下去了？周灿认定，出现这种情况，大概率是她这个执行者出了问题。

既然大家都不愿提，那就默默地先做吧。周灿服务的第一位老人是院里 108 岁的刘大爷。

就这样，社工身份的周灿总是出现在刘大爷的病房里，每天要做的就是和老人聊天。由于记忆力衰退，老人一句话能重复几十遍，这让聊天这么简单的事，也成了对年轻人耐心的考验。

一天，周灿忽然听老人自言自语地念叨，要给院里的老人和工作人员烧寿碗。说者无意，听者有心。周灿猜测，老人的生日快到了，是不是想办一场寿宴呢？思来想去，周灿联系上刘大爷的家属，表达了想给老人过生日的想法。

"百岁时都办过了嘛。"最初，老人的子女并不太愿意。

"我们会协助你们的，就在院里办，方案也准备好了。"周灿知道老人的子女也已年过七旬，听到操办寿宴多少会觉得有些麻烦，但她还是极力邀请刘大爷的家属们当面沟通。

见面当日，刘大爷的3个子女都到了，周灿拿出写了上千字的方案后，说："现在刘大爷已经插了管，无法下床，他想过生日，我们就提前办了吧。"或许是周灿的真诚打动了家属，他们终于答应配合。

征得家属同意后，在周灿的张罗下，寿宴热热闹闹地在刘大爷的房间开始。那一天，刘大爷所有的家人都来了，四世同堂。

虽然，躺在床上的刘大爷因病痛大口喘气，但他苍老的眼里却闪烁着明亮的光芒。他努力抬起粗糙的手，和所有来看望他的后辈们握一握。周灿看到，便是这么拉一拉，老人眼中的光就更亮一分。

"死亡这条路，他要一个人走了。但临行前的告别，让他不再孤独了。"周灿说，在她从老人眼中读出这份欣慰与从容后不久，刘大爷安详地离世了。直到那一刻，曾经拒绝过周灿的家属们才知道，原来这就叫临终关怀，让老人带着爱和温暖离开这个他们生活过的世界，体面而礼貌地谢幕。

"你真好，多亏有你，他才有这么大的福气。"刘大爷的家属们不知道，正是这句肯定，像一针"强心剂"给了周灿必须坚持下去的理由和勇气。

从"就怪你"到"感谢你"

周灿面对的当事人大多在弥留之际已经处于昏睡不醒的状态，如何让家属与死亡和解也是她要去做的事。

陈婆婆和罗大爷是一对年过八旬的夫妻。陈婆婆患病后住进了休养区的女病房。罗大爷放心不下老伴，却也只能在隔壁的男病房住下。一开始对这样的"分离"，罗大爷总是抱怨，见到周灿就说："就怪你，把我和她分开了。"但每天，罗大爷还是会在周灿的搀扶下拄着拐杖去到老伴身边。

大多数时候，陈婆婆都处在神志不清的状态。周灿知道，两位老人伉俪情深，罗大爷反而才是最应该被关怀的那一个。

解铃还须系铃人，能让罗大爷开心的，似乎也只有陈婆婆了。

正好临近情人节，周灿特意帮罗大爷备下了一束玫瑰花，一开始，罗大爷是拒绝的，说："都这么老了，说这些不合适。"

"现在说才最合适，万一婆婆听了精神又要好一些呢。"周灿迅速拿出"杀手锏”，果不其然，为了让老伴好起来，犟老头接过了玫瑰花。

笔挺的呢子大衣、锃亮的皮鞋、一丝不苟的头发……在周灿的搀扶下，罗大爷颤颤巍巍地来到陈婆婆床前，将手中的花放在老伴枕边，苍老的声音听起来有点踟蹰：“姑娘，给你的花。”

闻言，陈婆婆竟缓缓睁开了双眼。她已无法开口说话，就这么目不转睛地凝望着床边那个有些羞涩的，伴了她一生的男人。

“姑娘，当年是我八抬大轿把你娶进门，我就会照顾你到最后。”像是读懂了妻子眼中的情，罗大爷抬手，他一边抚摸着老伴苍白的头发，一边轻唤着“姑娘”，一声声，仿佛穿越了时光。

陈婆婆走的前一天，忽然难得来了精神，仿佛整个人精气神都好了似的。她抓着周灿的手反反复复说：“他那天叫我姑娘，他好久没叫我姑娘了，这辈子我很幸福，谢谢你。”

陈婆婆走后，罗大爷坐在休养区廊道的座椅上对周灿讲了许多话。他依然对男、女病房耿耿于怀，对老伴的离去心怀悲戚，但也娓娓道出属于他们两人的爱情故事。

周灿知道，罗大爷需要一个宣泄口，老人愿意对自己讲，是信任。于是，那天，一老一少就这样聊了一下午。回去后，周灿又整理了罗大爷的故事，写下了数千字的人生回忆。

“人生回忆也是一种治疗方式，罗大爷需要走出低谷。”这是周灿第一次为一位老人写人生回忆，她说，当一切尘埃落定，安抚病榻外有需要的亲属，帮助他们走出悲伤，也是临终关怀必须做的事。

一年后，罗大爷也走完了他的一生。在把那份人生回忆交给家属后，她走出了临终关怀区。耳畔，是罗大爷子女的诚挚感谢；头顶，是重庆盛夏万里无云的晴空。那一刻，周灿想，生活有多美好，死亡也应有多从容。

从“我不干”到“我愿意”

周灿自己悟出的这份道理，更加笃定了她当初的选择。至今，周灿已在岗位上工作了5年，先后送走了数百位老人。

每天，周灿到岗后的第一件事就是“查房”。与医生查病情不同，她查的是老人们的“心房”。若老人们一言不发，她便清楚，那些“老小孩”们的心里又有了过不去的坎。“过不去，那就把坎锤平。”周灿笑得颇像个女中豪杰，与她娇小恬静的外表南辕北辙。她乐于去做那个抡锤子的人。

“其实，很多年轻人都缺少陪老人消磨时光的耐心。”周灿说，一开始，她也是其中之一，直到大学实习时，机缘巧合中她结识了一位老人。这位老人的姓名她已记不清了，但却始终记得老人在弥留时，从枕头下摸出了一颗糖塞给她。"小姑娘，吃。"老人说，这是她的独一份。

人生至善时，莫过于初生与临终。无论老人生前经历过怎样的风光与风雨，在他离去前还想着要给这个照顾过他的小姑娘一抹甜，这样的善意重重地击破了周灿最初的纠结。她说："当善良浇灌了善良，生者才能更美好，逝者才会更温暖。"

努力终有回报，一切步上了正轨。爱、美好、温暖与善良……临终服务休养区里交织着人间最美好的词汇，但如何把它们延续下去，却成为周灿的"心病"，毕竟愿意投身到这份职业的年轻人太少。

这时，田清红出现了，周灿说是她让自己看到了希望。但一开始，曾从事儿童社工的田清红对临终关怀是拒绝的。"死亡这个话题太沉重。"田清红面试时曾对周灿直言，但她没想到便是这么直白的拒绝，也没"吓"退周灿。

接下来的日子，无论是吃饭、休息、照护老人甚至出差培训……周灿都把田清红带在身边，她仍然选择了沉默，而是用行动潜移默化地感染着这个 26 岁的年轻人。

工作中，田清红结识了 60 多岁的老人鹿婆婆，被查出肺癌晚期后，原本开朗的老人变得沉默寡言起来。看着老人的变化，田清红急在心里，她找到了周灿寻求帮助。

"去和她的家人谈谈吧。"周灿支招。虽然不明白为什么重点要放在家属身上，但田清红仍约来了鹿婆婆的儿子。原来，老人一直以来既不想耽误儿子工作，又想了解儿子的近况。随着病情的恶化，老人更不愿意麻烦孩子，但思念却与日俱增，这种矛盾的心情让她终日郁郁寡欢。

于是，田清红做起了鹿婆婆的亲子桥梁。田清红至今仍记得，在老人的最后时刻把她的手抓得很紧，那时，她好像读懂了老人的感激。

"周灿是个温柔的人，却又有着强大的力量，能让所有人都感受到温暖与善良。"田清红说，也正是在周灿的帮助下，她看到了临终关怀的意义和价值。当周灿再次问她是否愿意加入时，田清红坚定地点头回答："我愿意"。终于，周灿完成了她希望的"延续"。

时至今日，周灿依然在用最美好的花样年华，陪伴着那些垂垂老去的人们。当老人们快要离开时，她会安静地坐在他们身边，给他们唱歌、放音乐甚至讲故事，然后轻轻握着他们满布皱纹的手。当老人们真正离去时，周灿会把他们的身体擦洗干净，穿上得体的衣服，把头发梳得一丝不苟，让他们带上一张全家福照片或生前最留恋的物件。

每个人都会老去，再轰烈的生命都有终途，当一切归为尘土，每位老人都值得怀抱幸福与温暖，安详离开。

道别时，周灿站在重庆市第一福利院临终关怀休养区的门口，她的身边还有田清红。她相信，在不久的将来，会有更多的年轻人愿意站在这里，和她们一起守护身后的那栋"温暖之城。"

——资料来源：姜念月，刘艳.百姓故事丨暮光里的守护者［EB/OL］.华龙网，2021-03-17.

【析案例】

每个大学生都要面临就业的现实。树立正确的择业观和就业观，对于大学生顺利走进职业生活具有重要的现实意义。周灿从事的是一个特殊的职业。2016年，周灿毕业进入市第一福利院工作，成为全院第一个触碰"临终关怀服务"的人。5年来，她用最美好的青春年华和无怨无悔的孝爱之心，为上百位重症、垂危的老人以及家庭提供"养、护、医、康加人文关怀"全方位照顾服务，给了生命最后一程的温暖守护。她牵头梳理《临终关怀服务手册》等实用技能及企业标准，参与《养老机构临终关怀服务规范》地方标准起草。2019年，她组织团队10次往返黔渝，开展养老及社工人才培养培训等工作。

【融教学】

本案例可应用于第五章第三节第二目"恪守职业道德"的教学。与许多在高楼大厦写字楼里展现青春年华的同龄人不同，周灿选择了照顾即将走向生命终点的老人，守护那点微弱的暮光。通过此案例引导学生在择业过程中既要考虑个人的兴趣和意愿，同时又要充分考虑现实的可能性和社会的需要，把自己对职业的期望与社会的需要、现实的可能结合起来，树立正确的职业观。

【拓思考】

1. 结合自身职业生涯规划，谈谈怎样树立正确的择业观？

2. 作为新时代青年，应如何培养职业道德，为中华民族伟大复兴的中国梦贡献力量？

教学案例九 践行生命之诺的"感恩女孩"——焦祖惠

【阅案例】

焦祖惠，女，藏族，出生于 1993 年，两江新区第一人民医院神经内科护士。

12 年前汶川地震时被白衣天使救助感动，一名藏族女孩许诺长大后也要成为白衣天使，任何时候他人需要帮助必当全力救护。这名藏族女孩果然信守了承诺，成为一名护士，并在新冠疫情时，第一时间请缨援鄂，进驻隔离病房。在病房里，她果然也成了"天使"，被病友们亲切唤作"小卓玛"，如同当年救助自己的"天使"一样，用一辈子践行一场生命之诺。

她就是重庆两江新区第一人民医院 27 岁的护士，焦祖惠。

许下诺言 做救死扶伤的白衣天使

"没有人想到会是地震，只听到轰隆隆的声音，我以为是楼上的学生在打球。"2008 年 5 月 12 日大地震来临时，在四川理县读初二的焦祖惠，正在 4 楼教室里准备月考。不知道是谁喊了一声："地震来了，快跑！"学生们一阵慌乱，都往教室外冲，焦祖惠慌得直接从窗户翻到走廊上，也随着人群跑到操场上。"山在晃动，教学楼摇摇摆摆，地面不断隆起，我心里害怕极了。"焦祖惠在操场上看哥哥也跑出了教室，抱着哥哥便哭了起来，"哥哥我怕……"

那个夜里，同学们背靠着背在操场上一夜未眠，余震不断传来，轰隆隆，轰隆隆……焦祖惠紧张、害怕，无助极了，一直在心里喊："谁来救救我们……"

第二天，老师组织大家分别回了家，可回到家里一看，也满目疮痍。灾难场景、无助情绪，让少年焦祖惠紧张不已，直到看到解放军、医护人员等陆续赶到，开始在废墟上忙碌。"特别是那些穿着白色衣服的医护人员，他们给受伤者包扎伤口，在废墟上快速奔跑……"余震中这些奔波的白色身影，让少年焦祖惠感到了踏实，"看到他们的白色，我就觉得有希望，心里很有安全感"。

后来，救助工作人员给大家发放了收音机，每天，焦祖惠都仔细收听关于地震的新闻，"不断听到有人被陆续救出，每次听到这种消息，我就浑身充满力量"。废墟中那些冒着生命危险拯救生命的白衣战士感动了焦祖惠，她当时就坚定地告诉妈妈，以后自己也要当一名白衣天使，救死扶伤，并许诺"我感谢那些在地震中帮助过我们的人，以后别人需要帮助时，我也会这样义无反顾地救助别人"。

焦祖惠一直遵守着危难时刻的儿时诺言。高考时她选择了护理专业。在学校努力学习专业知识，一直以地震中救护自己的人们为榜样。毕业后，她成为重庆市两江新区第一人民医院神经内科的一名护士，并且在工作岗位中一直信守诺言，尽心为病患服务。

信守诺言 奔赴湖北抗疫一线

2020 年年初，新冠疫情发生以后，焦祖惠听到单位要开设隔离病房，第一时间主动请战。后来又得知单位要组织人员赴湖北支援，随即报名上前线救助。"以前全国人民都来支援我们地震灾区，我那时就许诺也要救助他人，现在我肯定站出来，也会像当年那些白衣天使一样去帮助其他人。"

2 月 20 日，焦祖惠踏上了驰援孝感的征程。来到孝感，经过严格的防护服、院感等考核后，焦祖惠被安排到孝感市中心医院东南院区负责 4 楼的护理。

2 月 22 日，初入隔离病区，此前从未正式穿戴过防护服的焦祖惠就遇到了难题。"防护服密不透气，很快我就缺氧了。"焦祖惠坦言，真正穿上防护服后，心里还是有点担忧，"但是我相信只要细心地做好每一个细节，就会降低感染风险"。胸闷、恶心，焦祖惠却咬牙坚持："我对自己说：我是来帮助别人的，可不能来的第一天就被人抬出去，可太丢人了。"

3 月 1 日夜里，不善言辞的父亲给焦祖惠发了一条微信：女儿加油，千言万语一句话，用感恩的心努力工作……这条信息让 12 年前的一幕幕又出现在焦祖惠脑海里。"我得到过帮助，现在是我帮助别人的时候了，一定要加油！"尽管不知道后面的路有多艰险，不知道在这场生死相交的"战疫"中将会付出怎样的代价，焦祖惠义无反顾，履行自己从小立下的生命承诺。

焦祖惠负责 4 楼病区病人的日常照顾，发药、检测各种体征……"从上午 9 点到下午 1 点，病区比我们想象的要大，为大家发药走完一圈需要 1 个多小时。"经过短暂的适应，焦祖惠坚持了下来，站好了自己的第一班岗。后来的工作越来越顺利，并且焦祖惠尽心的付出也得到了病患们的肯定，得知她是藏族姑娘，大家都爱喊她"卓玛"，这在藏语里是美丽女神的意思。

22 床的爷爷，老伴是重庆人，总是给焦祖惠说："卓玛，等病好了，我们一起回重庆吃火锅。""好啊爷爷，那你要多吃饭，多锻炼哦，这样才好得快。"对于老年患者，焦祖惠总是格外细心："看着他们，我就会想起自己的父母。"

421 床患者记忆力有些衰退，病房所有人都不记得，但只要焦祖惠一出现，他就会悄悄把"卓玛"拉到身边，让她尝一尝家人送的鸽子汤……

看到病房里大家情绪焦虑，出现负面情绪，焦祖惠就和同事们从网上找简单的舞蹈小视频，学会后，用手机播放音乐，一对一地和病人沟通，教他们跳舞，既活动了身体又缓解了焦虑。于是，隔离病区里，音乐响起，拍手、起步、扭腰，伴随着音乐的节拍，护士们带着病患们开心地跳了起来。有的患者看到后也情不自禁地在旁边跟着学了起来。一位阿姨一边跳一边忍不住流泪，她告诉"卓玛"："真的很感谢你们。跳一会舞，能让我们觉得更有精神，更有活力。"

"在病房里，患者看医护人员的眼神，都是充满信任的。这种感觉我能体会，这就是12年前地震时，那些白衣天使带给我的安全感。他们能这样看我，我想我应该做到了，履行了自己当年的承诺！"焦祖惠说，作为一名护士，她随时准备好前往危险地方参加救援，因为那里有需要她的人，需要天使带给他们安全感。

践行诺言　在未来的每一天

3月23日，重庆赴孝感对口支援队首批队员即将撤离返渝。孝感市东南医院8楼是两江新区第一人民医院的休息驻地，也是焦祖惠和同事们住了一个多月的房间。临行前，焦祖惠和同事们花了一下午时间，用消毒水把驻地房间内每一个角落都喷洒了一遍。房间内的桌椅电视，又用沾有消毒水的抹布细致擦了两遍。焦祖惠说："在孝感受到了当地人们细心的照顾。如今要走了，大家自发地打扫起来，不想给他们添麻烦。"

回到重庆，焦祖惠又到医院预检分诊台支援了两个月。门诊一直是整个医院患者诊疗最集中、人员最复杂、人流量最大的地方。疫情特殊时刻，丝毫不能松懈，预检分诊是患者进入医院的第一道窗口，如果不做好认真的排查工作，后果不堪设想。

国庆节期间，焦祖惠依旧坚守在医院值班。输液、打针、做护理，她将继续在自己医护岗位上信守儿时承诺，为需要的病患尽心服务。

——资料来源：重庆文明办.95后护士经历汶川地震　心怀感恩去抗疫 [EB/OL].中国文明网，2021-01-27.

【析案例】

一种价值观要真正发挥作用，必须融入社会生活，让人们在实践中感知它、领悟它。12年前汶川大地震发生时，未满15岁的焦祖惠被白衣天使的救助感动，许诺长大后也要做一名白衣天使，去帮助他人。护理专业毕业后，焦祖惠成为两江新区第一人民医院的医护工作者。新冠疫情暴发后，得知医院要开设隔离病房，她第一时间请战进隔离病区，后得知单位要组织人员支援湖北，她再次主动报名上前线救助。在孝感市中心医院东南院区奋战的 32 个日夜里，她始终怀着一颗报恩的心，用热情勇敢、无微不至的专业护理，为患者带去生的力量。当年的受援者，今天的支援者，她的"逆行出征"更是一场"感恩之行"，将爱和希望温暖传递。

越来越多的年轻人肩负时代赋予的重任，以拼搏、奋斗、奉献激发梦想，践行社会主义核心价值观，展现出新时代中国青年该有的样子。

【融教学】

本案例可应用于第四章第三节第二目"把社会主义核心价值观落细落小落实"中"修德"的教学。通过焦祖惠的故事，教师要引导大学生踏踏实实修好大德、公德、私德，善于明辨是非，善于判断选择，旗帜鲜明地弘扬真善美、贬斥假恶丑，澄清模糊认识，匡正失范行为。自觉做良好道德风尚的建设者、社会文明进步的推动者。

【拓思考】

1. 如何理解"社会主义核心价值观其实就是一种德，既是个人的德，又是一种大德，就是国家的德、社会的德"？

2. 作为当代大学生，如何做良好道德风尚的建设者和社会文明进步的推动者？

教学案例十　西迁来渝援建儿童医院扎根重庆 64 年的医学专家——郑惠连

【阅案例】

迈入 2021 年，郑惠连觉得喧闹极了。

自荣获 2020 年度"感动重庆十大人物"称号后，郑惠连的日历本上便多标注了一些行程，录制电视节目、来访接待、接受采访等活动一下子闯进了这位 95 岁老人的生活里。

对喜欢安静的郑惠连来说，这些都是喧闹的事儿。面对来访者，她一遍一遍地讲述着和同伴们从上海来到重庆援建重庆医科大学及其附属医院的故事。属于一小部分人的西迁记忆，逐渐被越来越多的人知晓。

生活中不喜欢喧闹的郑惠连，却偏偏从事了一份喧闹的职业。她是重庆医科大学附属儿童医院的创建者之一、原儿童保健科主任，是我国儿童保健事业的开拓者，和小孩打了半个多世纪的交道。她这一生最爱的就是诊室里的喧闹，每次为患儿看诊时，总要耐心细致地讲上很久，一点也不腻烦。

过去的事情郑惠连已经不想再重复说了，但科学育儿的知识她却想反复讲下去。95 岁并不老，郑惠连依然有着旺盛的生命力，仍在不辍耕耘，渴望能将毕生所学传授给年轻的父母们。

随遇而安的适应力

2016 年，在重庆医科大学建校 60 周年庆祝大会上，郑惠连作为西迁教师代表，做了一场 10 分钟左右的演讲，全程脱稿。台下观众都惊诧于这位耄耋老人惊人的记忆力，殊不知，过去一甲子的回忆，全都装在她的脑海里。

1955 年，遵照中央关于沿海工厂学校内迁的指示，上海第一医学院（现复旦大学上海医学院）要分迁至重庆。从 1955 年 4 月开始，上海第一医学院陆续向重庆调派教师、医师等各类人才 400 多名，他们一直扎根重庆，陆续筹建了重庆医学院（现重庆医科大学）及其附属医院。

1956 年 2 月，已是上海第一医学院附属儿科医院（现复旦大学附属儿科医院）儿科主治医师的郑惠连接受上级委派，来到重庆筹建重庆医学院附属儿科医院。

那时，郑惠连 29 岁，刚结婚没多久，爱人尚在求学深造，她认为自己可以毫无负担地到重庆去。

"我当时既是主治医生，又是医疗秘书，对医疗工作和管理工作都非常熟悉，比较适合到重庆开展建院工作。西南地区医学事业既然需要我，那我就必须去。"郑惠连说。

来重庆前，郑惠连原本以为，这里应该已经有一所儿科医院的雏形了，但到了重庆她才发现，除了几栋空空的老房子，什么都没有。

当时，郑惠连不仅要克服生活和语言环境上的种种困难，还要解决医院在筹建过程中的一切难题。

面对没有医疗用房的问题，郑惠连带着筹备小组重新改建老房子，并对每个房间进行功能划分，再添置相应的设施设备。大家一点点用手搬、用肩扛，这才有了符合条件的病房、办公室和化验室。

为了摸清重庆儿科的发展情况，制定儿科医院的建设方案，郑惠连频繁拜访重庆范围内开设儿科的医院，收集儿科的建设资料，夜以继日地整理、思考，很快勾勒出儿科医院的发展轮廓。

1956年5月，郑惠连回到上海，向上级汇报儿科医院的筹建情况。随后，她又带着30余名医生、护士、化验员及后勤人员来到重庆，全面开展建院工作。

1956年6月1日，重庆医学院附属儿科医院顺利开诊，结束了重庆无儿科专科医院的历史。作为创建者之一，郑惠连选择继续扎根于此，她穿梭在山城的坡坡坎坎间，开始了起起落落的人生。

攻坚克难的战斗力

不外出的时候，郑惠连很喜欢坐在阳台上晒太阳。她家就在医院附近，站在阳台上放眼望去，到处都是曾经工作和生活过的足迹。

"过去几十年，我搬过十几次家，但从来没有离开过医院。"郑惠连凝视着那些大大小小、高高低低的楼房说，"以前的许多楼都已经拆了，但我还记得它们的样子，也记得以前那些日子。"

医院开诊后，郑惠连非常忙碌。当时，她是医院唯一的主治医师，同时兼任医疗秘书，负责门诊、药剂、检验、放射等工作。

由于工作太忙，郑惠连根本无暇顾及女儿刘渝。刘渝从小就跟着上海来的护士一起生活，很早就学会了独立。在她的记忆里，母亲总是早出晚归，即便是在最困难的时候，也从未停止过教学和临床工作。

1978年，52岁的郑惠连迎来人生的第二次转折。伴随着儿科医学事业的发展，医院要成立儿童保健科，院领导希望她能牵头这门学科的发展。

其时，儿童保健在国内尚处于起步阶段，没有教材，没有教师，更没有发展经验。不过，已经做了28年儿科医生的郑惠连意识到这门学科的重要性。在她看来，这是一门"治未病"的学科，可以进一步改善儿童的整体发育和素质。

这一次，郑惠连再次选择服从组织安排，开始专业转向。

"早期开展儿保工作很不容易，我要负责这门学科的临床、教学和科研工作，没有太多经验可以借鉴，只能慢慢摸索。"郑惠连说。

在研究过程中，郑惠连结合临床积累的大量经验，率先在全国探索编辑儿童保健学相关教材。从组织人员到编写教材，整整耗时两年，她牵头出版原卫生部（现国家卫健委）全国高等学校规划教材《儿童保健学》第一版，为我国儿童保健事业的发展奠定了扎实基础。

教材编写出来后，郑惠连又抓紧培养教学人才，构建教学体系，优化课程设置，成功推动儿童保健学的单独教学。

不仅如此，郑惠连还极具前瞻性地开展了小儿遗传病、儿童营养学、儿童心理学等问题的研究工作，为儿童保健学的学科发展规划了科学合理的方向。

从1978年开始，郑惠连一直深耕儿童保健学领域，为我国儿童保健事业的发展做出了不可磨灭的贡献。2012年，郑惠连荣获"全国儿童保健终身成就奖"。

坚韧不拔的意志力

郑惠连在重庆医科大学建校60周年庆祝大会上发表演讲时，重庆医科大学附属儿童医院党委副书记、纪委书记符州正是台下听众之一。

时隔几年，符州如今依然记得郑惠连在台上神采飞扬的样子。这个画面让他想起30多年前，那个戴着眼镜、手里夹本书，总是雷厉风行穿梭在医院里的郑惠连。

"无论是以前还是现在，郑老师身上始终有一股强大的能量。"符州说。

1985年，符州从重庆医科大学儿科系毕业，来到儿童医院儿保科工作。

在儿保科工作期间，符州被郑惠连的渊博学识震撼。他想进一步提升自己的学术水平和专业知识，于是报考了郑惠连的硕士研究生。

郑惠连一向以治学严谨著称。学生写论文，不仅要独立思考研究课题，还必须将所有参考文献给她过目。因此，符州常常泡在图书馆里查阅、收集文献资料。

让符州感到苦恼的是，图书馆晚上9点就关门了，由于当时儿保科正处于艰难的发展阶段，大家没地方看书学习，也没地方开展实验。面对这种情况，郑惠连既不抱怨又不气馁，她多配了一把钥匙，学生们可以随时去她的办公室里看书学习。只要有学生开展实验，她一定会提前借来设备，想方设法为大家开辟一方小小天地。

1989 年夏天，符州因病住院，医生要求他暂停学业，休息 3 个月。可那时符州就快毕业了，实验进展却很不顺利，他压力很大，意志逐渐消沉。

这段苦闷的日子里幸好有导师郑惠连的帮助。她常常来看望符州，并鼓励他："一个人在成长过程中，肯定会遇到许多困难，但绝不能丧失信心，要学会在困难中磨炼意志。"

在郑惠连的鼓励和指导下，出院后，符州投入更多精力在学习上，并于次年顺利毕业。

郑惠连在医院鼓励符州的那番话，她也常常用来自勉。

20 世纪 80 年代以前，郑惠连几乎都是一个人带着女儿在重庆生活。1981年，她的爱人才正式来到重庆，一家人分隔两地 20 多年后，终于团聚了。

在独自面对生活的岁月里，郑惠连曾多次陷入困境，有建院初期的艰难，有工作难以开展的绝望，也有专业转向的挑战。但不管面对怎样的困难，她总能凭借坚定的信念战胜它。

在刘渝眼里，母亲就像个超人，她能把每一件事情都做得很好。

"母亲一直都是向前看的。遇到困难时，她从未抱怨过，只是反复告诫我，不能丢了信心，从哪里跌倒就从哪里爬起来。"刘渝说。

有时刘渝会想，逆境中的母亲就真的没有压力或痛苦吗？

大致还是有的，只是郑惠连从不同旁人讲，而是靠强大的精神默默消化掉了。

刘渝记得，母亲患有胰腺炎，20 世纪 80 年代以前每年都要犯病，严重的时候甚至还要住院，但 80 年代以后就再也没有犯过了。她猜测，以前也许是因为心理压力太大，这份压力母亲从未说出口，却通过身体表现出来了。

提及这些往事，郑惠连摆摆手："我把重庆当作我的第二故乡，我这一生就和这里高高低低的起伏、坡坡坎坎的曲折差不多。不过对我来说，起起落落的人生并不是一件坏事，它能让人变得更强大。"

永不停息的学习力

"做人一定要保持信心，坚持笑到最后。"这是郑惠连常说的一句话。对她来说，"笑到最后"的最佳方式，便是学习和工作。

如今，郑惠连每天都会早早起床，吃完早饭后便回到卧室的书桌前，读读英文、练练毛笔字、看看报纸。

书桌旁放着一沓红格稿纸，上面是郑惠连做的数独题目。她习惯将报纸上每期的数独题目誊抄下来，然后再在稿纸上推理所有剩余空格的数字，以此来锻炼自己的想象力、逻辑思维和创新能力。

阅读是郑惠连坚持了几十年的习惯。房间的书柜里整齐摆放着各个时期的专业书籍，以便随取随用。床边的柜子上放着她从图书馆借来的书，大多是外国文学作品。每天晚上，她都要打开台灯看看书。

新知识也是要不断学习的。每次看报，遇到医学领域的报道，郑惠连都要把这部分内容剪下来仔细阅读研究。她还学会了做 PPT，每次出去讲课的 PPT 都是自己做的。

"我母亲一直认为大脑是要时常训练的，这样才能最大程度地发挥自己的能量。"刘渝说。

作为一个 95 岁的老人，郑惠连还想再多发挥一些能量。时间带走了一个又一个伙伴，只有她顽强地抵御住了时间。如今，她最愿意做的事情，便是给年轻的家长们讲科学育儿的知识。

虽然 1996 年就退休了，但郑惠连一直以"退而不休"的状态活跃在专业领域里。她不仅坚持到医院坐诊，每月还要开展传授育儿知识的讲座。

2021 年 2 月 3 日，是郑惠连春节前最后一次坐诊的日子。这天，她从早上 9 点开始看诊，一直到中午才结束，中途没有休息，也没喝一口水。每个患儿她至少要看半小时，细致准确地做出诊断，并解答家长的一切问题，表现出了极大的耐心和爱心。

半个多世纪过去了，郑惠连依然从事着钟爱一生的事业，追求着做一名平凡的儿科医生的梦想。

——资料来源：唐余方，孙茜. 郑惠连：老骥伏枥 志在千里 [EB/OL]. 七一网，2021-06-22.

【析案例】

爱国是最深沉、最持久的情感，是每个公民应当遵循的最基本的价值观念和道德准则，也是中华民族的优良传统。1944 年，她考入复旦大学上海医学院，1950 年毕业时，被分配到上海医学院附属儿童医院工作。1955 年年底，郑惠连响应祖国号召支援西南建设，辗转来到重庆援建儿科医院。在郑惠连和同伴们的努力下，1956 年 6 月 1 日，重庆医学院附属儿科医院顺利开诊，结束了重庆市无儿科专科医院的历史。医院建成后，郑惠连又毅然选择留在重庆，帮助西南医疗事业发展。从建院起，郑惠连先后主管过医院新生儿科和血液科，1978年医院成立儿童保健教研室和儿保门诊，她便一直守护孩子健康成长至今。如今虽已95岁高龄，郑惠连依然坚持每周坐诊，经常到基层讲课、义诊，郑惠连说："这是让孩子一辈子受益的事，我觉得很值得。"

【融教学】

本案例可应用于第四章第一节第二目"社会主义核心价值观的基本内容"中"爱国"的教学。郑惠连听党召唤，以国为先，告别黄浦江，拓荒大西南，把最美的岁月留在祖国最需要的地方。引导学生认识社会主义核心价值观倡导的爱国，就是把个人价值的实现同推动国家的繁荣发展对接，把人生意义的提升同增进最广大人民的福祉相连，把我们的国家建设好，把我们的民族发展好。

本案例还可应用于第一章第二节第一目"高尚的人生追求"的教学。服务人民、奉献社会的思想以及高尚的品质，代表了人类社会迄今最先进的人生追求。通过此案例讲解，引导学生要把为国家和人民事业无私奉献作为人生的最高追求，在服务人民、奉献社会中收获成长和进步。

【拓思考】

1. 谈谈你对服务人民、奉献社会的人生追求的认识。
2. 谈谈你对新时代爱国主义教育重大意义的理解。

第五篇　最美巴渝工匠融入思考

教学案例一　"防水专家"——大国工匠杜天刚

【阅案例】

从投身于上千个工程无一返修，到钻研创新工艺、攻克技术难点，从牵头组建全国首个建筑灌浆防渗技术协会，到自掏腰包组织培训、传承技艺……身为国家防水产业技术创新战略联盟专家委员会防水技术专家，杜天刚以精益求精的工匠精神，深耕于防水堵漏领域20余年，推动了行业队伍专业化、标准化、精细化。

"我迫切希望能够把我的手艺、我的经验传承下去，让更多大型建筑不再渗水，煤矿不再发生突水突泥，地铁再也看不到路人摔倒或撑伞，道路不再开挖，边坡不再滑坡，老百姓的住宅不再漏水。"这是杜天刚接受记者采访时表达的愿景，也是他多年来始终秉持的初心。

杜天刚在进行防渗堵漏作业

防渗"救星"，让嘉悦大桥如期通车

2007年，嘉悦大桥春汛前施工的关键时期，遭遇了极大的麻烦：桥墩的帷幕出现严重渗水，嘉陵江水喷溅而入，施工作业面一片汪洋，工程只能停止。

国内几家知名的防渗处理公司受邀前来，他们的方案如出一辙并令人沮丧：施工方需要在渗水的帷幕外重新修建一只"水桶"，由此将增加上千万元的费用，并把大桥通车时间往后延迟一年。

后来，他们请来了杜天刚。他穿着救生服，带着测试工具，在帷幕中观察了一整天后，拿出了自己的解决方案：在渗水处开挖"喇叭口"缝槽，再往缝槽中灌注防渗材料。

帷幕的渗漏处最终被全部堵住。施工方为此节省了数千万元的费用，大桥也按期竣工。

胆大心细，用"挖耳勺"清理建筑残渣

2001年，有近百年历史，历经数10次防渗处理的长春西客站，再次出现严重渗水，他希望"一劳永逸"，他在忠县农村请铁匠打了一个类似于"掏耳勺"的工具，用了3天时间，硬是将残渣一点一点全部清理干净，灌入新材料后，该工程再没有出现渗水问题……

依靠胆大心细，近20年来，杜天刚完成了上千个建筑防渗处理工程，不乏哈大高铁、兰新铁路、南水北调饮淘项目、沪杭高铁、京杭高铁、张唐铁路等全国性重大工程，迄今为止没有一个返修。

"有责任感和爱心，才能有工匠精神"

据评估，九成以上的建筑物存在渗漏，行伍出身、文凭并不高的杜天刚，为何总能"药到病除"？"完全没有秘诀可言，靠的只是'用心'二字"，用心就是"认真"，世界上怕就怕认真二字！他说，国内防渗处理的材料早已达到国际水平，建筑物却老是渗漏，问题出在"手艺人"不用心。何谓"用心"？杜天刚给出了这样的解释——要有责任感和爱心。

——资料来源：王文英."防水专家"杜天刚：上千防渗工程无一返修［EB/OL］.央广网，2017-11-15.

【析案例】

做事情要做到极致，做工人要做到最好。凭借胆大心细的工匠精神，杜天刚做了上千个防渗工程，至今没有一个返修。从事防水堵漏灌浆行业30多年来，杜天刚常年吃住在施工现场，揣摩实践防渗堵漏技术，攻克了多个重点工程项目的技术难题。

没有积极进取的人生态度，再崇高的人生追求也难以真正实现。杜天刚的事迹告诉我们，走好人生之路，需要正确认识、处理各种各样的困难和挑战，保持认真务实、乐观向上、积极进取的人生态度。

【融教学】

态度决定一切，如果将人生比作一首交响乐，人生态度就奠定了乐曲的基调。思考人生的"活法"，以怎样的方式对待人生，对大学生来说至关重要。杜天刚的案例，可应用于讲解第一章第二节第二目"积极进取的人生态度"，引导大学生以认真的态度对待人生，以务实的精神创造人生，以乐观的态度面对人生，以进取的心态迎接挑战。人生不是游戏，它是严肃认真的。对大学生而言，要担当民族复兴大任，就必须以认真的态度对待人生，明确人生目标和肩负的责任。正所谓"做人怕认真，凡事怕用心"，认真是做好一切事情、走好人生之路的必要条件。"天下难事，必作于易；天下大事，必作于细。"只有把远大的理想寓于具体的行动中，秉持求真务实精神，才能为社会做出更大贡献。

【拓思考】

1. 当下，年轻人中常有这么一种调侃"认真你就输了"。意思就是"干啥你都别较真"，反映出一些年轻人的处世态度，你认为这种观点正确吗，为什么？

2. 近年来，"躺平"在年轻人的社交网络上成为一个热词。当代青年能否选择"躺平"？

教学案例二　陈卉丽：给文物"看病"的"石头御医"

【阅案例】

"我们好比医生，文物是不会说话的'病人'。不管在哪儿看到它们，我总是不由自主地盯着检查有没有病害，思考怎么'治疗'。"

从事文物修复工作27载时光，中共二十大代表，大足石刻研究院保护工程中心主任、研究馆员陈卉丽笑言自己的"职业病"不轻。在参加全国党代会期间，接受中新社记者采访时，她分享了自己修复文物的故事，也谈起切身感受到的文物保护工作之变。

作为世界文化遗产大足石刻的"文物医生"，陈卉丽这些年"抢救"过不少"重症患者"。其中，当属千手观音造像修复工作最具代表性。

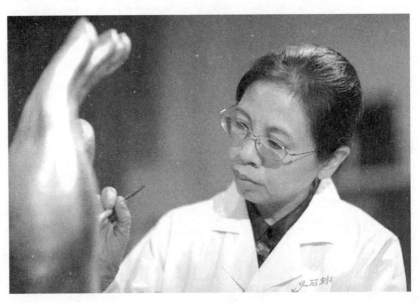

陈卉丽在修复千手观音主尊像

该造像是中国现存最大、最完整的集雕塑、彩绘、贴金于一身的摩崖石刻造像，但在历经800多年风雨后，造像已经开裂、脱落、变色，更涉及胎体内部损伤等34种病害，可谓"病入膏肓"。2008年，中国国家文物局将千手观音

156

石刻造像抢救性保护工程列为国家石质文物保护"一号工程"。

陈卉丽担任石质修复组组长，在长达 8 年多的时间里，带领团队攻坚克难，完成了造像石质胎体补型、修漆、彩绘、贴金等修复工序，最终使千手观音重放光彩。值得一提的是，修复过程中工业 X 光探伤、红外热像探测等方法和技术，是中国对大型不可移动石质文物修复的首次应用。

"如今，大足石刻已由以抢救性保护为主转为抢救性保护与预防性保护并重的阶段。"陈卉丽介绍，2019 年 12 月，大足石刻监测预警系统投入使用，可实现对石刻监测数据、预警信息、监测报告以及档案数据的统一管理。"一旦发现病害就及时干预，尽量避免文物从'轻症'发展到'重症'。"

与屹立千年的石窟造像相比，27 年只是一瞬。但这 27 年间，陈卉丽切身感受到文物保护工作已经发生"翻天覆地"的变化。

"刚入行时因陋就简，连修复刀都是自制的。由于没有仪器辅助和数据支撑，一些复杂、叠加的病害往往无力处理。"陈卉丽说，这些年来，随着党和国家对文物保护工作愈加重视，投入越来越大，各种高科技运用到文物修复中来，让修复工作更加得心应手。

以大足石刻研究院为例，今年 6 月，大足石刻文物医院启用。医院内设文物保护科技实验室、文物保护修复室、大足石刻监测预警中心、保护与修复成果展示室等 4 部分，还设有分别针对石质、雕塑及纸质文物的专业保护修复室等。文物"看病"变得更加精细、准确。

大足石刻的国际"朋友圈"也在扩大。近年来，大足石刻研究院与意大利、日本等国的文化遗产保护机构开展了广泛的交流合作。"我们在文物保护事业上取得的成绩赢得了国际同行的尊重和掌声。在交流中，大家互相借鉴各自好的经验做法，这也开拓了基层文物工作者的国际视野。"陈卉丽说。

20 多年的光阴也在陈卉丽身上留下"刻痕"。寒来暑往，常年在条件简陋的野外工作让她的颈椎腰椎造成损伤，眼镜近视的度数也越来越高……时间未曾改变的，唯有她"对文物的敬畏之心"。

"大足石刻有 5 万余尊造像，如今已经进入高速风化期。文物保护人才队伍建设刻不容缓。"作为党代表，她思考文保事业如何留住"练得好功夫，耐得住寂寞"的年轻人，并把更多精力放在人才的传帮带上。"文物保护事业需要一代代人接续奋斗，乐见更多年轻人成为文物守护者。"

——资料来源：冉文娟. 以指尖与时间交手 世遗守护者陈卉丽谈石窟寺文物保护之变［EB/OL］. 中国新闻网，2022-10-16

【析案例】

陈卉丽以文物为伴，用专注和热情，为石刻"祛除病痛"；她和她的团队，历经 8 年艰辛，换来大足石刻千手观音造像"金光重现"；她坚守在文物保护一线，誓将余生托付。对陈卉丽来说，文物修复是她一生的修行。陈卉丽将文物保护工作当成自己毕生的事业追求，把人生最宝贵的时光奉献给了世界文化遗产大足石刻。

保护文物，将历史文化发扬光大，是责任、使命、荣誉。石刻文物在中国古代石刻文物中占有极其重要的地位，是中华文明的重要组成部分，在国际上也享有极高的声誉。我们必须尊重和传承中华各民族的历史和文化，延续中华民族的精神命脉。

【融教学】

文化兴则国运兴，文化强则民族强。优秀传统文化是一个国家、一个民族传承和发展的根本。此案例可应用于讲解第三章第二节第三目"尊重和传承中华民族历史文化"知识点教学。优秀传统文物是中华优秀文化的重要标识，是传统文化的实体层面和精神载体。优秀传统文物作为中华文化的重要组成部分，映射了中华优秀文化的演进路径，具有强大的生命力和影响力，含有多方面的历史价值、艺术价值和社会价值。新时代铸牢文化自信就要让文物"活"起来，立足保护开发、阐释文物内涵，推动文物走出深宫大院，走向群众心头，致力于开发文创产品，传播文化基因，打造中华文物"金色名片"，为实现中华民族伟大复兴中国梦提供精神动力。从而引导学生树立和坚持正确的历史观、民族观、国家观和文化观，坚定中华优秀传统文化的当代自信，不断推进中华优秀传统文化创造性转化和创新性发展。

【拓思考】

1. 谈谈你对"保护好文物就是保存历史"的理解。

2. 传承中华优秀传统文化，离不开文物资源。请你就如何保护文物提两条建议。

教学案例三　刘平：加工疑难杂件　打破国外垄断

【阅案例】

"国家技能大师工作室命名专家""国务院'政府特殊津贴'获得者"，在一系列名誉背后，刘平总是说"工业技艺的学习没有终点，要一直钻研、一直干"。

在众多的荣誉和成绩中，有一个荣誉对刘平来说有着特别的意义，那就是2016年第一届重庆十大"巴渝工匠"。"我根本没有想到自己能评上，因为重庆作为工业城市，有这么多优秀的技术工作者，我觉得自己的技术并不算顶尖，被评为'巴渝工匠'真的很意外。"刘平谦虚地告诉记者。虽然有点"意外"，但意外之余刘平还是非常开心，"因为这是家乡对我的一种肯定"。

谈到对工匠精神的理解，刘平的回答朴实而有力："作为技师，要掌握精尖的技术才能成为工匠；而同时拥有高超技能和踏实刻苦品格的人，才能被称为具有工匠精神的人！"

刘平正在对新设备进行调试

一身绝活 为"神舟"系列火箭升空保驾护航

从 2002 年到 2014 年，从神舟五号到神舟十号，刘平所在的团队不断攻关，为火箭升空保驾护航。他们主要为"神舟"系列火箭加工岩期管、爆炸螺栓、喷管等零件，这些优质的零件为火箭顺利升空提供保障，包括刘平在内的技术人员们，也为中国航天事业做出了自己的贡献。

提到"神舟"系列火箭，刘平难掩自豪的神色，他告诉记者，参与这项工作是光荣的使命，每次看到火箭升空时，都会在心里对自己说："你看！神舟有我做的东西！"

为"神舟"系列火箭加工零件的技能大师刘平，在 18 岁刚参加工作时，也只是一个默默无闻的操作工。在重庆川仪调节阀有限公司金工车间里，做着最简单最基础的工作。

"车工怕车杆，钳工怕钻眼"，这句俗话说的就是技术工人们最不想碰到的零件类型。在金工车间，刘平每年生产加工各种规格品种的疑难杂件 300 余件，完成定额生产任务的 200% 以上，质量指标达到 99.9%——也就是说，每生产 1000 件产品，可能报废或者出现瑕疵的产品只有一个。

从初出茅庐，到熟练掌握模具、多头梯形螺杆、薄壁件、细长轴的加工，钻头、刀具的刃磨等技术，背后是刘平 30 多年坚持不懈的刻苦磨炼。

临危受命 创新成果为公司增收百万

在生产过程中，工人们经常会遇到精度要求高、加工难度大的零件，按照常规方法根本达不到技术要求，这就需要采用"精密加工"的方法。每当遇到这种情况，刘平总是仔细研究，不断修正技术参数和工艺流程，反复调试程序，直到加工出合格的产品。

比如，一个军工产品中有个名叫导管的零件，内环形槽口径小、深度长，尾部毛刺很难去除干净，刘平为此独立设计了一项导管尾部毛刺去除工艺，解决了该导管尾部去毛刺难的问题，直接为公司增加了 100 万元的经济效益。

2016 年，公司开发的一款可填补国内空白的新产品——四偏心蝶阀，由于其中一套关键零件的加工条件、加工精度、加工设备及加工工艺都非常特殊，公司询问和调研国内外多家知名设备制造生产厂商后发现，要么设备价格非常昂贵，要么无法达到工艺技术要求。

刘平再次临危受命，和工程技术人员一起攻关，在反复论证的基础上，终于在 2018 年年初找到了合适的加工装备和工艺技术方案，啃下了这块"硬骨头"。这项工艺技术达到了国内先进水平，解决了该款产品在研制过程中的技术瓶颈，为该产品年市场订单跃上1000万级台阶做出了很大贡献。

退居二线　带徒弟传承工匠精神

如今，作为首席技师，带新人、培养骨干、解决疑难杂件、摸索新设备的使用、参与管理等已成为刘平的主要工作。

从2007年起，为最大限度地发挥高技能型人才的引领作用，公司让刘平从一线操作岗位退居二线，让他带领一个团队主要从事技术攻关、新产品样机试制、更换改造老旧设备、培养新人等技术指导和工艺协调工作。2012年，他的工作室被命名为国家级技能大师工作室。

多年来，刘平先后带徒50多人，培养了一批技师和高级技术工人，他的徒弟们多次在行业（集团）和省（市）级技能竞赛中获得奖项。

——资料来源：首届"巴渝工匠"刘平：技能+品格成就工匠精神［EB/OL］. 上游新闻，2019-07-15

【析案例】

独创的数控机床加工工艺，突破制造"瓶颈"；参与研制的新产品打破国外垄断；多次参与"神舟"系列火箭零部件制作。刘平认为的工匠精神是要钻研，要在一个行业中一直干下去，吃得了苦，耐得住寂寞，不浮躁，掌握精尖的技术才能成为"工匠"。

无论从事什么劳动，都要弘扬工匠精神，干一行、爱一行、钻一行。一切劳动者，只要肯学肯干肯钻研，练就一身真本领，掌握一手好技术，就能立足岗位成长成才。30余年来，刘平不忘初心，用心坚守岗位，屡次攻克加工技术难关，用自己的专业"硬核"实力，在毫厘之间雕琢中国制造，用实际行动诠释大国工匠精神。

【融教学】

本案例应用于第五章第三节第二目"恪守职业道德"相关知识点的教学。可通过介绍刘平用心坚守岗位、深耕金工领域30余年，从未停止学习，实现了由一名普通操作工人到高技能人才的飞跃，成为多项技艺的领头羊，用实力捍卫中国制造的事迹，来向学生阐明工匠精神中国制造转型升级中的重要作用。无论是哪个工种和岗位，只有对工作心存热爱，以最大的能力、能量投入工作中，对经手产品精雕细琢，才能塑造出更多的"中国品牌"，传递"爱岗敬业、争创一流，艰苦奋斗、勇于创新，淡泊名利、甘于奉献"的劳模精神。学生能够树立优良的职业生活与劳动观念，以劳动模范为榜样，树立正确的择业观和创业观，为建功立业打下坚实基础。

【拓思考】

1. 结合自身，谈谈如何理解职业道德的基本要求。
2. 结合案例，谈谈你对工匠精神的理解。

教学案例四　聂凤：美发行业的"奥运冠军"

【阅案例】

磨损了 100 多把梳子，剪掉了成千上万个头模，90 后女孩聂凤由一名技校学生成为第 43 届世界技能大赛美发项目金牌获得者。

和很多孩子一样，年少的聂凤也爱追赶潮流。2007 年，随处可见锡纸烫、玉米须、爆炸式发型，还是初中生的聂凤走进街边小店，花了半个月的零花钱，做了人生第一次离子烫。

"头可断，发型不能乱"是聂凤当时的口头禅，"我最喜欢看电视里的造型节目，普通人的头发在发型师手中有了千变万化，我一边看着节目，一边想象着自己有一天也能像发型师一样让人'改头换面'"。

聂凤说："我学习成绩一般，靠读书确实很难超越别人、有所成就，想着能不能去学美发造型、另辟蹊径。"抱着试一试的心态，聂凤选择了重庆五一技师学院，就读美发专业。

聂凤说，正式学习美发专业后，为尽快提升自己的能力，除了上课，她还在老师的工作室里进行封闭训练。"每天至少练习、操作 12 小时，一年到头很少休息。"

苦练出真功。很快，聂凤就在众多学生中脱颖而出。2011 年，聂凤代表学校参加第 41 届世界技能大赛中国选拔赛。世界技能大赛被誉为"世界技能奥林匹克"，其竞技水平代表了各领域职业技能发展的世界先进水平。

"在国家队我第一次有机会见到了世界顶尖级的发型作品，还有能把头发做成艺术品的技能大师。"聂凤回忆起当时为期 1 个月的训练过程，"老师教 1 小时，我练 10 小时；队友练 10 小时，我练 12 小时。我的技巧粗糙一些，但我相信勤能补拙。"

聂凤说，虽然那次并未通过选拔，但是此后 4 年的备赛经验和努力，让她的心智与技术都有了大幅提高。

2015 年，聂凤成为代表中国征战世界技能大赛的选手，随中国代表团远赴巴西圣保罗参加第 43 届世界技能大赛，并一举夺得美发项目冠军。

"通过一门手艺，身披国旗；通过一把剪刀，剪出未来。"聂凤说，她希望让技工院校的学生们看到，通过努力，他们也可以有美好的前途和未来。

聂凤在为外国友人理发

如今，以聂凤名字命名的国家级技能大师工作室已经成立，积极推进美发专业中、高级工的理论教学和实训教学。

——资料来源：吴燕霞，杨仕彦，王宇轩. 这位90后，用一门手艺为国争光！［EB/OL］. 光明网，2022-05-14.

【析案例】

青春只有在为祖国和人民的真诚奉献中才能更加绚丽多彩，只有融入国家和民族的伟大事业才能闪闪发光。聂凤不是遥远的历史人物，而是一个年龄、身份和经历都与学生十分贴近的年轻人。她立足生活现实，找到了自己的兴趣，对自己今后的人生有了独立的想法。在后来的人生中，她一直在追寻这个梦。只有梦想也是不够的。实现梦想的道路是漫长的征途，需要一点一滴的奋斗。通向理想的起点就在脚下，就在扎扎实实的学习和工作中。聂凤进入国家集训队后没有放松懈怠，而是刻苦训练，便是这一点最好的证明。

新时代的大学生应当把个人的命运与国家的命运联系在一起，立为国奉献之志，立为民服务之志，珍惜韶华、奋发有为，勇于追求个人理想，在实现社会理想的过程中努力实现个人理想，自觉把个人的理想追求融入为实现中华民族伟大复兴中国梦的奋斗当中。

【融教学】

青年要有理想，有追求。如何看待个人理想和社会理想的关系，如何在实践中放飞青春梦想、实现人生理想，是大学生在确立理想和实现理想过程中必须认识清楚的问题。本案例可应用于第二章第三节第三目"为实现中国梦注入青春能量"知识点的教学。可根据聂凤从自身的兴趣出发，确立了自己的志向，通过努力坚持，剪出世界冠军。说明大学生也应当立鸿鹄志，做奋斗者，心怀"国之大者"，敢于担当，这是关系学生一生前途命运的重大课题。聂凤在进入国家集训队后的艰苦努力说明大学生应当自觉躬身实践，知行合一。引导学生避免眼高手低的做事方式，要立大志，也要做实事。学生能够把个人理想和社会理想紧密结合起来，自觉把个人的理想追求融入为实现中华民族伟大复兴的中国梦的奋斗当中，在实现中国梦的实践中放飞青春梦想。

【拓思考】

1. 你的职业理想是什么？你为什么想要做这个职业？
2. 结合自身，谈谈实现中华民族伟大复兴应当肩负的责任。

教学案例五　创新进步永不止——航天研发工程师邓建华

【阅案例】

30 载风雨兼程，他用严谨守护飞船的每一次航行，他用创新突破一次又一次的难关。一腔热血，融进地面遥测；一片星海，守望航天梦想。从"神舟一号"到"神舟十号"，从"天宫一号"到"天宫二号"，邓建华及团队承担了近年来几乎每一次火箭升空的遥测任务，陪伴并保障着中国航天事业攀登一个又一个高峰。

逐梦星空　确保遥测零差错

自 1987 年参加工作以来，邓建华已经在一线从事航天型号产品设计开发工作 30 余年。他从一个只有中专学历的普通研发设计人员，一步步成长为航天科技集团九院重庆航天火箭电子技术有限公司的技术带头人，并入选党的十九大代表，被评为全国劳模和"巴渝大工匠"。

邓建华所负责的遥测设备设计工作，是在地面测量火箭速度、角度等信息的重要保障。"你平时上网的时候网络中断一下不会有太大影响，但对火箭来说，整个通信过程不能有哪怕 0.01 秒的中断。"邓建华告诉记者，他们这一行，最关键也是最难的，就是保证产品的可靠性，不能出任何差错。

邓建华和他的徒弟们

在天宫二号空间实验室与神舟十一号载人飞船交会对接任务中，他负责的遥测地面站检测站设备，快速准确地将火箭发射整个过程中的数据传回了地面指挥中心，圆满完成了任务。

多年来，邓建华研发设计的产品一次次在航天重器上得到验证。为了走在行业的最前面，邓建华始终关注着全球航天遥测技术发展前沿，为我国发展航天遥测遥控和无人机数据链等技术，服务航天国防事业拓展了新的研发平台，为航天型号技术研发奠定了良好的技术基础，并为公司带来近亿元的产值。

邓建华常把一句话挂在嘴边："航天对国家国防建设一流军队起着支撑作用，对民生也产生着越来越重要的影响，所以航天技术不能依靠其他国家，我们必须靠自己做研发，抬头挺胸走在世界前列。"

引路新人　力求产品成"艺术品"

如今的邓建华带领以他名字命名的"劳模创新工作室"从事遥测和基带方面的研究，新来的人员也在他的带领下不断攻坚克难，让公司的产品创新工作朝着更尖端的方向迈进。

最近刚刚获得"巴渝大工匠"的荣誉称号，邓建华在谈起工匠精神时，也有自己独到的见解。"工匠精神是我们一线员工在自己岗位上敬业奉献的一种体现，不同岗位的工作人员有不同的职责，但只要有工匠精神的人，不管做什么工作，都会把'匠心'融入设计、调试产品的方方面面，把产品做成'艺术品'就是我们的追求。这种精神其实跟我们航天人严谨细致的工作作风是一脉相承的。"邓建华说。

——资料来源：戴倩．邓建华：仰望星空守望航天梦，匠心确保遥测零差错［N］．重庆日报，2019-10-15.

【析案例】

创新决定未来，改革关乎国运。从一个只有中专学历的普通研发设计人员，邓建华一步步成长为航天科技集团九院重庆航天火箭电子技术有限公司的技术带头人。邓建华用30余年时间严谨守护飞船的每一次航行，用创新突破一次又一次的难关。邓建华研发设计的产品一次次在航天重器上得到验证，创新是公司和行业发展最重要的基石，而创新的目的就是掌握核心科技。在激烈的国际竞争中，唯创新者进，唯创新者强。邓建华认为航天对国家国防建设一流军队起着支撑作用，对民生也产生着越来越重要的影响，所以航天技术不能依靠其他国家，我们必须靠自己做研发，抬头挺胸走在世界前列。

【融教学】

本案例可应用于第三章第三节第二目"改革创新是新时代的迫切要求"知识点的相关教学。通过邓建华的案例,引导学生了解其所开发研制的用于神舟系列的某型号遥测产品,为我国历次载人航天飞行圆满成功做出了贡献。他所从事研制的多项遥测数据采集存储系统,在历次大型试验中都完整地记录了数据,从功能和技术指标上,在国内处于领先水平。感悟科学家矢志不渝、勇克难题、攀登科研高峰的精神。在教学过程中,还可组织学生思考讨论,结合当时的时代背景,理解改革创新是时代要求的深层含义;同时结合当下新一轮科技革命和我国的科学发展现状,谈一谈中国应该如何进行改革创新,以创新驱动经济社会发展。

【拓思考】

1. 谈一谈中国应该如何进行改革创新,以创新驱动经济社会发展。
2. 结合自身,谈谈如何做改革创新的生力军。

教学案例六　用工匠精神擦亮奋斗者底色——刘源

【阅案例】

大胆假设 小心求证
他的专业高效让外国专家感到"不可思议"

在长安汽车渝北工厂，国内外的先进设备被广泛用在生产线上。当进口设备出现故障时，在没有图纸，对设备的内部构造也一无所知的情况下，维修就显得相当棘手。

刘源和工友交流机电维修技术

一次，渝北工厂从瑞士进口了一套冲压设备。安装调试时，自动化的机械手臂突然出现故障。冲压是车辆制造的头道工序，冲压出现问题，整条生产线都将停摆，损失可想而知。

工厂赶紧请刘源前来处理。他初步判断，是通信模块损坏。当时，国内并没有可更换的模块。如果运到国外维修，时间周期太长，工厂的损失将很大。

没有图纸，不知道内部构造，网上也查不到相关资料，刘源决定自己尝试维修。根据经验，他判断是电源出了问题，于是打开模块，对线路进行简单绘制，找到了电源端口。

"12伏？15伏？20伏？或者是高压？"刘源从元器件的使用情况、耐压程度等方面综合判断，估计用的是12伏的电源。基于这个判断，刘源小心翼翼地把国产可调电源引进去——模块开始正常工作了。从拆下来，画图，到解决问题，刘源只用了3小时。事后，当刘源与外国的技术专家交流时，对方连连表示"不可思议"。

为了在重要维修技术上不受制于人，刘源长期开展技术创新和攻关，实现自主维护关键设备、自主开发维修技术。

永不服输 勇攀高峰
30多年一门心思做好一件事情

"我特别喜欢机电维修，30多年来，就一门心思努力做好这件事。"刘源说，兴趣是最好的老师。自己从15岁开始，就跟着父亲接触机电维修，"因为发自内心喜欢，所以平时多吃点苦也愿意"。

刘源刚进厂时，只有初中文化。"小时候条件不好，书读得不多。工作后，很长一段时间我们的技术都受制于人，面对复杂的设计图纸和生涩的外语说明，我心有不甘！"刘源深有感触。

刘源凭着一股拼劲，从零基础开始啃外语，学编程，到国内外大型企业拜师学艺，自己不断总结提炼。日复一日，年复一年，刘源在技术上日益精进，理论水平也不断提升。

在长期的工作实践中，刘源总结出独特的"看、听、析、查"4步维修法，提高了维修效率和质量，极大地减少了设备的维修时间和经济损失。

自1998年以来，刘源先后获得"全国技术能手""中华技能大奖""全国劳动模范"等殊荣。

2013年10月，长安汽车刘源国家级技能大师工作室成立。刘源带领团队与国内外大公司合作培养人才。2019年以来，刘源先后培养出全国技术能手5名、中央企业技术能手4名、高技能人才120余名。

制定标准 奉献社会把毕生心血投入机电维修行业

近年来，刘源把自己多年在机电维修行业的经验、感悟记录下来，并用科学的方法进行归纳、整理，编撰出书，供机电维修技术人员学习借鉴。

目前，刘源牵头编制的《长安汽车机电维修岗位能力认证课程》，总结出

1516个专业知识点；开发《国家高技能人才培训基地培训课程》等系列丛书25册。

不仅如此，刘源还对工厂和实验室里的典型"故障"进行模拟，准备把它们"搬"到职校，提高职校学生动手解决问题的能力。

"到年底，相关项目就会进行安装测试。"刘源表示，要努力把自己的事干好，继续发挥好"传帮带"作用，帮助机电维修人员提高技术水平，为汽车行业高质量发展做出更大贡献。

——资料来源：陈国栋. 刘源：自学成才的机电维修工匠［N］. 重庆日报，2022-10-14.

【析案例】

美好的人生价值目标要靠实践才能转化为现实，从工人到国家级技能大师，从学者到培育师……刘源一步一个脚印，获得了无数殊荣。他获得的荣誉，正是来自他在学习上的坚持。这种坚持的态度，对当代大学生意义重大。一个人的头脑中有再崇高、再伟大的想法，如果不付诸实践，就没有实际的意义。刘源主持或独立完成的各类技术攻关、改造数量多达上百项，在多个技术领域不同程度打破了国外垄断的局面。刘源源于兴趣，喜欢钻研设备，搞懂原理，查出故障，坚持把工匠精神落实到每一道流程上，每一处工序里，每一个产品中。大学生也应坚持学习，虽然学习中会面对研究和探索过程中的失败，这些也都会给人造成打击，但想要学会新知识，就必须克服这些困难和挫折。另外还要终身学习，紧跟时代步伐，用发展的眼光看待世界，学习知识。刘源就是不断地在学习实践中创造，将中国制造变成中国精品，实现了更大的人生价值。

【融教学】

人生之所以有价值，是因为人能够自觉地、有意识地认识和改造客观世界与主观世界，通过创造性的人生实践赋予人生意义。本案例可应用于第一章第三节第三目"成就出彩人生"相关知识点的教学，刘源从一名中专生，逆袭为揽获"中华技能大奖"的"工人院士"。以他的人生经历来鼓励同学们勇于面对学习中的困难，树立正确的学习理念，从而成就出彩的人生。起点低不可怕，怕的是没有进取和拼搏的勇气、毅力，刘源的事迹告诉我们，学习可以改变命运，可以成就人生。幸福都是奋斗出来的。一代人有一代人的青春，但青春的底色永远离不开奋斗两个字。大学生将个人理想抱负和国家命运联系在一起，埋头苦干、脚踏实地，积极发挥聪明才智，一定能够实现出彩的人生。

【拓思考】

1. 谈一谈大学生应当如何学好专业知识。

2. 新时代是奋斗者的时代，只有奋斗的人生才称得上幸福的人生。新时代大学生应当如何成就出彩人生？

教学案例七　李红勇：黄金水道上的巴渝工匠

【阅案例】

1982 年，16 岁的李红勇走进了长江航道，成为一名爆破工，开始了他的炸礁人生。30 多年来，李红勇以长江为伴，常年奋战在一个个急流险滩点，清除着一处处水下暗礁，先后实施了长江宜宾至泸州、泸州至重庆、三峡库区涪陵至重庆、三峡大坝至葛洲坝、长江中游界牌、下游太子矶等河段内的爆破。20 世纪 80 年代，水下爆破技术十分落后，危险大、风险高，在水流湍急的险滩上，李红勇不放过任何一个学习、钻研的机会，差炮工时，他就自己加工、装药、连线，很快熟练了这些工序；钻工缺人时，他就登上钻机，下管、接卸钻具、抢二锤、爬钻架，慢慢成为一把钻工好手……

李红勇在工作中

1999 年 12 月，长江三峡工程永久船闸进入通航前下游泄水箱涵施工的关键阶段。长江三峡开发总公司发现，必须对近在咫尺且已完工的箱涵口实施水下爆破开挖。这是一项风险极大的施工任务。面对困难，李红勇站了出来，创造性地设计了水下气泡帷幕装置进行防护，采用分层爆破、延时毫秒控制爆破技术，为三峡永久船闸的按时通航，扫除了最后一道障碍。

2002 年年初，李红勇率队走出国门，承建了横贯中、老、缅、泰 4 国的上湄公河航道改善工程。这是中国政府首次出资对跨国河流进行航道整治。在荒无人烟、滩多水急的湄公河上，这群来自川江的航道人，用他们特别能吃苦、特别能够战斗、特别讲奉献的精神，改善了澜沧江、湄公河的通航条件，促进了中国和东盟国家的经贸往来。

在重庆上游最大的高桩直立式码头——果园港开港倒计时的关键阶段，由于码头前沿港池水深不足，导致船舶无法靠泊，港池爆破点深度 20 米，与刚建成的高桩码头距离仅 5 米，难度高、风险大。李红勇仔细察看现场和施工图纸，亲自动手计算并编审方案，通过实施延时爆破、分层爆破、爆破监测等控制手段，安全圆满地完成了施工任务，确保了重庆果园港按时开港迎船。

李红勇和他的团队不断创新炸礁技术。从 2006 年开始，他围绕山区河流水下钻孔爆破，积极开展技术创新，用了 6 年多的时间，他创造的《山区河流水下钻孔爆破施工工法》获得了国家发明专利，这一成果填补了我国内河航道整治技术没有的专利空白。

近年来，李红勇先后获得了国家发明专利 2 项；他主持施工的项目，多次荣获国家优质工程奖、交通运输部优质水运工程奖。2010 年，李红勇被授予了全国五一劳动奖章，2015 年被评为了全国劳动模范，2016 年获得重庆十大巴渝工匠。2018 年 12 月，李红勇劳模创新工作室被重庆市总工会命名为"重庆市劳模和工匠人才创新示范工作室"，这支聚集了高级技术人才和先进技术设备的生产与科研相结合的工作团队，广泛开展新技术、新工艺研究与实践，充分发挥了攻坚克难服务施工生产的作用。他们围绕"复杂环境控制爆破""深水钻爆""生态清礁"3 个主要课题，将技术改进、技术革新与技能比武、劳动竞赛等活动有机结合，在航道整治工程施工中，积极开展创新实践，取得了多项技术创新成果。

九龙坡至朝天门航道整治工程（简称九朝段）和长江三峡水库变动回水区碍航礁石炸除二期工程（简称库区二期）项目位于重庆主城区，距离大桥、过江管道、滨江道路、趸船、危岩区和居民区及寺庙古建筑较近，为了减小爆破对周边建（构）筑物及危岩的影响，工作室改进控制爆破技术，提高了爆破效率，控制了爆破振动，保证了两个项目在复杂环境下得以顺利实施。

近十年来，李红勇和他的团队几乎包揽了全市港口建设工程中的港池爆破开挖工程，其中包括东水门长江大桥、嘉陵江千厮门大桥、白沙沱长江大桥、合川涪江四桥等最艰难、最基础的桥梁基坑爆破开挖工作，为重庆的城市建设做出了巨大贡献。

——资料来源：卢进. 全国劳模李红勇：黄金水道上的巴渝工匠［N］. 重庆晨报，2019-07-17.

【析案例】

生产劳动是人类社会生存和发展的基础。作为国内水下钻爆领域的领军人物，多年来，李红勇水下爆破不放过毫厘误差。他以整治内河航道、维护长江航道畅通为使命，主持或参与了长江、乌江、清江、湄公河等近百处碍航滩险的航道整治。李红勇认为无论从事什么职业，无论身在何方，都应当尽心尽力、尽职尽责，这样才能活出人生的价值。这种对工作的敬畏态度和负责精神就是敬业，敬业要有全身心投入的专注精神和勤奋、刻苦、执着、精益求精的品质。李红勇学历不高，参加工作时只有高中文化，但是他勤学不辍、求学不止，坚持在"干中学、学中干"，用学到的知识解决工作中出现的难题，将施工过程中积累的成功经验、失败教训都做成笔记，在长期的实践中练就了"真功夫""硬功夫"。李红勇作为爱岗敬业、服务人民的优秀劳动代表，生动诠释了社会主义核心价值观中的"爱岗敬业"。在中国，每一个时期的劳模都具有不同的内容和特点，但他们都有一个共同的闪光之处，那就是良好的职业道德和爱岗敬业精神。

【融教学】

敬业是对待生产劳动和人类生存的一种根本的价值态度。本案例可应用于第四章第一节第二目"社会主义核心价值观的基本内容"的教学。本案例的教学目的主要是通过对劳动模范李红勇生平事迹的了解，使学生认识到爱岗敬业的重要意义，启发学生在今后的工作和生活中向劳动模范看齐，培养匠心精神。在当今中国，实现中华民族伟大复兴，已经成为近14亿中国人最伟大的梦想，这个梦想到实现的转变是一个艰苦卓绝的过程，需要艰苦奋斗，需要勤奋敬业，需要拼搏奉献。在教学过程中，可组织学生讨论李红勇的事迹对自己有何触动，以及新时代下，需要什么样的敬业精神，具体该怎么做。

【拓思考】

1. 谈一谈李红勇的事迹对自己有何触动。

2. 新时代下，需要什么样的敬业精神，具体该怎么做？

教学案例八　梁攀：从中考落榜生到世界技能大赛冠军

【阅案例】

"你们见过电路发脾气吗？"见到重庆铁路运输技师学院教练梁攀时，24岁的他正在工作室里忙活。他一边拿着烙铁在10厘米见方的电路板上"点点画画"，一边向身旁的学员解释：操作稍有不慎，轻则电阻电容等小元件短路或断路，重则整块板子都可能瘫痪。

梁攀（右三）在电工电子实训课上指导学员

不过，在梁攀的手上，再复杂的电路板也只能"没脾气"。作为第45届世界技能大赛电子技术项目冠军，这个大男孩对电子技术满怀激情与热爱，有着属于自己的自信。

谁能想到，仅仅在9年前，这样的自信在梁攀身上还难觅踪影。

彼时的梁攀，正面临中考失利，没能考上理想的高中；爸爸生病需要照顾治疗，他选择进城打拼减轻家庭负担。跟着亲戚在工地上搬过砖，在餐馆端过盘子，在商场发过传单，后来又在电子厂走上流水线……

在电子厂，他在看技术工人熟练地操作机器生产产品时入了迷。那一瞬间，学技术的念头在梁攀心里生根发芽。"打工经历让我成长了很多，最大的收获就是懂得了，没点技能是不行的。"他随即做出一个决定——到技工学校"充电"。

重回校园的梁攀，比以前更加珍惜学习机会。电机电器装配与维修专业的实操课程分为上午班和下午班，学生按课表只需上半天课，他却从来都是上一整天，通过旁听"蹭"课不断提升自己的知识和技能。很快，各项成绩优异的梁攀得到了入选校竞赛集训队的机会。在代表学校参加市级比赛获奖后，他顺利入选重庆集训队，选择专攻电子技术项目，为冲刺世界技能大赛全国选拔赛做准备。

每两年一届的世界技能大赛，被誉为"世界技能奥林匹克"。但历史上中国队从未在电子技术项目上拿到过金牌，为什么梁攀要选择这个"难啃的骨头"？他的回答是，"因为热爱"——自己从小就喜欢动手制作，着迷于各种各样的电子产品，中学时还制作过简易的手摇式发电机，给灯泡供电。

2016 年的夏天，对 19 岁的梁攀来说格外难忘。时值暑假，同学们都放假了，梁攀还顶着 40 摄氏度的高温天，留守在没有空调的实训基地。起初动作不熟练，烙铁容易杵到手上烫出水泡，他就赶紧跑到卫生间用凉水冲一冲，再继续抓紧练习……

遗憾的是，在那一年的世界技能大赛国家集训队"五进二"中，梁攀以第三名落选，只能随团去第 44 届世界技能大赛现场观摩。那一次，中国选手在电子技术项目上再次止步于优胜奖。站在观众席上的梁攀心潮起伏，暗下决心："下一届，我一定要破零，为中国拿个金牌！"

但这谈何容易。工匠技艺的比拼要求精确，差之毫厘就会谬以千里。随着技术的不断进步，比赛内容也会随之调整，其中仅电子技术项目就分为硬件设计、嵌入式程序设计和故障维修与记录 3 个模块，考核选手设计、仿真、程序编写、焊接等综合能力，评分细则多达上百条。竞赛资料全是英文的，阅读和理解难度大，梁攀就在翻译老师的帮助下硬啃"天书"、反复求教；比赛用的电路板密密麻麻地分布着 200 多个点位，必须用烙铁将每一个点位都焊上锡，他就反复练习、精益求精，将焊接时间从两三小时压缩到一小时……

五年磨一剑，不负有心人。2019 年 8 月，在俄罗斯喀山举行的第 45 届世界技能大赛上，梁攀凭借精湛的技术、出色的发挥站上领奖台，捧回中国电子技术项目首枚金牌。今年"5·4"青年节前夕，他还荣获第 25 届"中国青年五四奖章"。

成为世界冠军后，许多企业向梁攀抛出橄榄枝，但他坚持留校任教，成为重庆集训基地最年轻的教练。"一切手工技艺，皆由口传心授。"梁攀说，他希望继续精进专业，以身示范，帮助更多的技校学生实现梦想，培养更多技能工匠人才。

——资料来源：柯高阳．从中考落榜生到世界冠军——青年梁攀"逆袭"记［N］．新华社，2021-05-04.

【析案例】

"看似寻常最奇崛，成如容易却艰辛。"人生旅途并非一帆风顺，总会经历逆境与顺境两种不同的人生境遇。10多年前，梁攀因中考失利，爸爸生病需要照顾治疗，他选择进城打拼减轻家庭负担，跟着亲戚四处打工。在这种情况下，梁攀没有随波逐流、消沉颓废，他深刻领悟到技能的重要性，选择重回学校"充电"。梁攀从电子技术门外汉，到全国选拔赛、国家集训第一名，并最终成为国家队正式选手，在这期间，他没有休息日，几乎每天都是寝室、基地、食堂三点一线地进行着大量高难度训练，但梁攀都坚持了下来，当他身披五星红旗站在第45届世界技能大赛冠军领奖台上时，他知道自己没有辜负众望，终于为国争光。他在逆境中激发出自己的潜能，创造非凡的业绩，在挫折的人生中走出了自己的路。

【融教学】

无论是顺境还是逆境，最关键的还是个体的态度。本案例可应用于第一章第三节第一目"辩证对待人生矛盾"知识点的教学。可通过梁攀的案例，积极引导学生树立正确的顺逆观，认识到即使身处逆境之中，也要奋发自强，不抛弃不放弃，勇于磨炼自己的意志和品格。了解梁攀的经历，给学生树立一个身边的榜样，引导学生应建立起一种稳定而积极的人生态度，既要善于抓住顺境中的机遇，趁势而上，又要懂得在逆境中调整好心态，沉着应对，等待时机，保持良好的体力、智力和心力，这样的人生才能更有主动性，更有乐趣。

【拓思考】

1. 人的一生中总会遭遇各种各样的困难和挑战，如何正确认识和处理人生中存在的矛盾？

2. 请列举在面对逆境时仍奋斗不息的人物事迹，并谈谈你的感想。

教学案例九　张永忠：汽修"老中医"创"四诊法"

【阅案例】

对机器多看一眼，就能发现少没少零部件；感受一下汽车尾气的温度和气味，就能对"运转是否正常"知道八九不离十；再听一听发动机的轰鸣声，他就能判断有什么问题。怀揣绝活，重庆长安汽车江北发动机工厂的维修工张永忠觉得这些都没什么神秘可言。

"从发现问题到找准原因，无非是靠多学、多练、多研究。"不久前跻身重庆十大"巴渝工匠"之一的张永忠说。

10余年前，张永忠依据经验与钻研创造出一套修理汽车发动机的"四诊法"："望外观、看点火，闻尾气、判隐患，听声音、分异常，调节部件、把原因。"上万台发动机经他的手"治愈"了，他却说，自己只是一名普通的维修工。

张永忠在工作中

从木工岗位走出的汽修达人

1983 年，张永忠从部队退伍，进入重庆长安汽车（集团）有限责任公司，分配到当时的 31 车间成为一名木工。

一年后，公司正值研究发动机之初，人才紧缺，踏实而又勤学好问的他被领导看重，从木工岗位调去参加汽车发动机的组装调试工作。

20 岁的他刚进维修厂，看着满地的零部件，"就像进了菜市场，却不认识地上都是些什么菜"。于是，他从辨识零部件学起，装配、调试、维修，不分工种，什么都干。张永忠说，那时候经常是白天黑夜连轴转，靠的就是一股韧劲。长安汽车第一台"江陵"发动机的成功点火，也有他的一份心血。

"做这一行久了，看发动机就像自己的孩子。"张永忠说，因为喜欢，所以会花很多时间在研究发动机上，因此大部分时间都在车间里和工人们在一起，也就对发动机有了更深入的认识。张永忠告诉记者，他与发动机打交道已有 30 多年的时间了，现在他已经离不开发动机了。"习惯成了自然，现在每天不看到发动机，总感觉缺少了点什么。"

"天下没有免费的午餐，要想在某一行业里有所成就，必须付出心血和汗水。"张永忠告诉记者，10 余年前，由于长时间高强度的工作，导致双腿股骨头坏死。

30 多年来，经他手调试、维修的发动机数量早已突破万台大关。他也获奖无数：工厂十佳妙手、公司一级手艺师、重庆市劳动模范、中国兵装团体手艺人、中华手艺大奖……

发动机维修的"老中医"

"'望闻听切'维修法是张永忠 2003 年左右开创出来的，后被命名为'重庆市职工经典操作法'，并在全国汽车行业迅速推广。"张永忠的同事介绍说，张师傅的耳朵很灵敏，听声音就能察觉出质量问题。

有一次，张永忠巡查发动机生产车间，从工人们身边走过时，发现工人在撞击打力过程中，撞击声音和标准力度下发出的声音好像不完全一样。他赶紧查看显示仪器，果然，工人操作力度不够，有可能会导致连杆螺母力矩偏小，也就会导致发动机不合格。就在当天，车间内立即对问题进行了调查解决，及时避免了 1500 台不合格发动机流入市场。

"张永忠是中国汽车发动机维修的'老中医'。"同事说，一次，张永忠发现即将发往南美洲的上千台发动机排气管状态错误，第一时间反映了问题，从而避免了工厂更大的损失。

凭借一手绝活，张永忠已先后诊断出国内外各类汽车发动机"疑难杂症"800 多例，挽回经济损失上千万元。他参与完成离合器压盘分离不彻底、发动机拉瓦等攻关项目，独立发明 G 系列气门发动调整螺钉瓶颈工具，将发动机生产30%报废率降低为零。

"拿起扳手，心里就欢喜、就踏实"

"既做事，更做人"，是张永忠一直在心中遵守的准则。每当有人求助时，他都毫无保留地指导。带徒弟，他不仅将技艺倾囊相授，更注重以自己的行动给徒弟上好职业道德这一课。

"技术这个东西保留是没用的，技术要给别人解决实际困难才能体现它的价值。"张永忠坦言自己的愿望，就是把自己多年掌握、练就的维修技巧传授给更多的青年员工，培养更多的工匠。为此，他与公司数 10 名年轻员工签订了"名师带高徒"的配对协议，亲手带出了一支熟练掌握发动机调修技术的国家级全能团队。

如今，他的全能团队中，有公司二、三级技能师 5 人，高级技师 25 人，技师 100 余人，在兵装集团技能大赛中屡获发动机装调项目一、二、三等奖。长安汽车现在的发动机调修一线技术骨干中，有 80%的人接受过他的指点。

2012 年，张永忠国家级技能大师工作室设立，被国家人力资源和社会保障部选拔并命名为"张永忠技能大师工作室"，成为全国首批 50 个国家级"技能大师工作室"之一。2015 年，张永忠被评为全国劳模。近日，他又以最高票数被重庆市总工会、市质监局等单位授予"巴渝工匠"称号。

"我就是一名维修工，只要拿起扳手，心里就欢喜、就踏实。"张永忠说。

——资料来源：李国，郑荣俊. 大国工匠张永忠：汽修"老中医"创"四诊法"［EB/OL］. 工人日报网络，2016-07-29.

【析案例】

中国的希望在创新，创新的希望在青年。经过 30 多年的不断学习和摸索，张永忠自创出"望闻听切"四诊法，实现了从普通维修工到发动机专家的蜕变，被誉为发动机领域的"老中医"。张永忠凭借"干一行、爱一行、专一行"的钻研精神，从一个普通的发动机修理工成长为发动机调修的"土专家"。他有创新的责任感、使命感，有敢于突破陈规的勇气，有敢于探索未知领域的信心，有勇于攻坚克难的决心和能力，这是他成功的源泉。张永忠自创的"望闻听切"

诊断方法，已经成为发动机维修宝典。这一方法被命名为"重庆市职工经典操作法"，为长安汽车品牌质量提升、中国汽车动力发展做出了不可磨灭的贡献。通过本案例，有助于大学生进一步坚定对中国创新发展的信心，并勇于做改革创新的实践者。

【融教学】

青年时期是创新创造的宝贵时期。青年一代应大有可为，也必将大有作为。本案例应用于第三章第三节第三目"做改革创新生力军"的教学。通过张永忠的事迹，引导学生树立改革创新的责任感，珍惜人生中最具创新创造活力的宝贵时期，树立敢于突破陈规的意识，培养创新思维，树立敢于探索未知领域的信心。在教学中可着重引领学生就其学科领域的重点、难点，特别是工科领域存在的"卡脖子"项目进行开放式讨论，让大学生联系自身将弘扬改革创新精神贯穿于自身学习，并体现在行动上，投身创造实践。

【拓思考】

1. 谈一谈本专业领域中存在的"卡脖子"项目。
2. 当代大学生如何加强改革创新精神？

教学案例十　四联测控粟道梅：平凡而又不平凡

【阅案例】

"我只是一名普通工人，做了一个工人该做的事，一点也不高大上！""5·4"青年节的下午，坐在记者面前的重庆四联测控技术有限公司 PDS 变送器装调组班组长粟道梅娴静而温婉，谈起自己的工作滔滔不绝，而对于前不久获得的"中国质量工匠"殊荣，她却十分淡定。

粟道梅在工作中

她将一件普通的事干得不普通。46 岁的粟道梅凭借精益求精的精神，让打破国外垄断的"中国智造"智能压力变送器不仅技术指标出色，而且制造工艺与质量稳定性也同样达到国际一流水准。

不忘初心

粟道梅告诉记者，小时候在电视上看过的一个场景让她印象深刻：一个技术员在车间里调试仪器解决了很多问题，令她深受触动。中学毕业后，好多同班的女生都选择了护理专业，她却坚定地选择了四川仪表工业学校。2005 年，她调到四联工作，凭借着对仪器仪表的一份挚爱，一直坚守生产一线，从事PDS 变送器装调工作。

20多年来，粟道梅始终不忘初心，她以勤奋和创新，助推国产最高精度智能压力变送器成功面市，误差率低至万分之四，达到全球顶级水平。

在"川仪杯"全国首届仪器仪表制造工技能竞赛的 PDS 智能变送器组装项目中，她5分钟就能找出故障并修好，一般的选手则需要10多分钟；将0.025毫米的膜片焊接在直径35毫米的压力表上，她只用了20分钟，大部分选手用时都在40分钟。正是凭借多年的经验积累和深厚的理论功底，粟道梅在此次比赛中一举击败全国40多名行业高手，夺得第一名。

"这位摘取桂冠的女工给我们留下了特别深刻的印象。不仅操作技术优秀娴熟，理论知识丰富，而且对一线制造工作优化改善、创新创效等方面也有着独到而精辟的见解，是新时期'有技术、有知识、有视野'的大国工匠的杰出代表！"一位教授在大赛闭幕式发言中如是评价。

创新增效

高精度智能压力变送器因为技术含量高、制造工艺复杂，被誉为仪器仪表行业皇冠上的明珠。在川仪自主研制出 PDS 变送器之前，一直被发达国家垄断。

"一项好产品，经过技术人员潜心研发，最后要经过我们的精心装调，才能送到用户手中，责任同样重大。"粟道梅说。

作为国产最高精度智能压力变送器诞生的见证者，粟道梅付出了太多心血。在刚开始的组装时期，有一批传感器部件测试过程中有明显的漂移，虽然所要求的精度指标都在合格范围内，产品可以出厂，但她不同意。

为了产品的长期稳定性，她主动要求增加长漂观察工序，将此批元件全部用来做长漂实验，筛选出长漂不合格的元件，并全部退回给了供应商。从此，元件长漂实验工序便常态化，构筑了确保产品质量的一道坚实屏障。

"哪怕是多增加工序也要杜绝问题产品的出厂，以确保产品质量。"粟道梅说。

公司在进行 PDS 变送器自主研发的过程中发现，研制出来的产品，其显示仪表绝缘耐压参数忽高忽低，产品质量一直欠稳定。粟道梅经过实验，找到了仪表"时好时坏"的原因：仪表电路板散热面设计有点宽，与接地的螺钉靠得太近。经过改良，这一问题迅速得以解决。

车间负责人告诉记者，较起真的粟道梅常会为一个问题花几天甚至10多天的时间做实验，直到弄明白为止。PDS 智能变送器在测试负压时，粟道梅发现，性能好的仪表，当压力达到设定值时，输出值在几秒内就很快稳定下来；而性能欠佳的仪表，需要十几秒到几十秒缓慢地趋向稳定。虽说都在数值的合理范围内，但粟道梅坚持分析"慢十几秒"的成因，再对其进行重新充灌，确保达到最佳性能。

带领团队

从事 PDS 变送器装调工作 12 年来，粟道梅担任了 11 年的班组长。

"要保持一颗不断学习的心，对每个人来说都是这样。不光是做技术工作的，当工人也要不断地学习，不能只满足于自己眼前的一点工作内容。"在与粟道梅交谈中，她一直强调自己说不来什么大道理，她只是踏实做好每一项工作，对得起自己的良心，在发现问题时积极动脑解决问题。

"每当指标、技术参数对应的输入输出出现变化，她立马就能想出问题所在。"焊接工毛必刚说，粟师傅让我们心服口服，大家都以她为标杆，争当"全能工人"。

粟道梅认为，产品质量的提升不能仅靠个人，而是要靠一个高素质的团队。她不仅善于思考，积极创新，还努力做好传帮带工作。

在"川仪杯"全国首届仪器仪表制造工技能竞赛变送器工种的比拼中，粟道梅班组的成员共揽获了前十名中的 4 个席位。

事实上，四联在高精度智能变送器领域的国内领军地位，不仅因为有一支优良的技术开发团队，同样得益于有这样一批技能精湛的工匠。

——资料来源：李国，韦其邑. 她将一件普通的事干得不普通［N］. 工人日报，2018-05-21.

【析案例】

粟道梅凭借精益求精的精神，将一件普通的事干得不普通，打破国外垄断，"中国制造"智能压力变送器不仅技术指标出色，而且制造工艺与质量稳定性也同样达到国际一流水准。人生价值目标的实现是一个实践的过程，从粟道梅的人生经历，我们看到，衡量人生价值的标准，最重要的就是看一个人是否用自己的劳动和聪明才智为国家为社会真诚奉献，为人民尽心尽力服务。粟道梅在工作中全身心地投入，精益求精，在一线工作，严把质量关，摒弃浮躁风气。粟道梅认为对于产品质量的追求，来自对客户的责任心，要像对待自己的小孩一样细心耐心。

【融教学】

本案例可应用于第一章第二节第三目"人生价值的评价与实现"知识点的

教学。粟道梅"征服一座座高山，为'中国制造'争光"，在粟道梅 20 多年的职业生涯中，"攻坚克难、创新进取"一直是她不变的坚持，通过实践创造了自己有价值的人生，这对当代大学生而言，无疑是很好的榜样与楷模。美好的人生价值目标需要靠实践才能转为现实，应当积极引导学生，在树立远大理想的同时，做到"言必信，行必果"，将所有的想法付诸实践，并持之以恒，才能真正实现自己心中的理想，收获有价值的人生。

【拓思考】

1. 从粟道梅的事迹中你学到了什么？
2. 怎样正确评价人生价值？

第六篇　重庆好人案例融入思考

教学案例一 巫山县自强不息韩彬彬：用鼻尖打字的象棋赛的"常胜将军"

【阅案例】

韩彬彬，男，汉族，19岁，重庆市巫山县大昌镇马家堡居委会居民。

19岁的韩彬彬和母亲相依为命，自己患有脑瘫，只能常年窝在用钢管焊制的推车里。为了融入社会，他努力学习，学会了听别人说话，学会了拼音，学会了用手机打字。现在他学会了象棋，曾获2015中国象棋草根王争霸赛第十名。面对未来，彬彬很坚定也很执着，他要用一技之长养活自己和妈妈，不给任何人添麻烦。

一名决不对自己说不可能的男孩，一名被医生诊断为一辈子都不可能走路的男孩，一名不屈不挠与病魔做斗争的男孩，一名身体力行诠释生命、追求梦想的男孩。

村里象棋赛的"常胜将军"是脑瘫患者

3月1日中午1点，韩彬彬跟平时一样，吃过午饭后，窝在用钢管焊制的推车里，在出租屋门口一边晒太阳，一边等着场镇上的老爷爷来陪他下象棋。

小伙子皮肤白皙，眉目清秀。看见来了陌生人，他稍微欠了欠身子。如果不是亲眼看见他的手脚用绳子牵扯着，谁也无法想象他是一个19岁的脑瘫儿。

"常胜将军"靠看电视自学成才

韩彬彬出生3个月时，被医院诊断为"脑瘫"。黄发斗、韩绍芳夫妇不忍心自己的孩子异于常人，于是，夫妻俩带着他到全国各地求医。

慢慢地，韩彬彬学会了听别人说话，并与人交谈。

"爸爸妈妈，我能听、能说、能思考，我想在家里自学知识，我还想长大后赚钱孝敬您二位老人！"10岁时，韩彬彬说出这句话，让父母抱头痛哭了很久很久。

当年，韩彬彬请妈妈韩绍芳从文具书店买了张汉语拼音字母表挂历挂到墙上，还请韩绍芳从维修旧电器的店里买了一台旧电视机回来。那时挂在墙上的汉语拼音字母，他更是一个也不认识，更不知道怎么读。彬彬就让妈妈邀请隔壁同龄的小朋友来家里玩，教他认读。

"a、o、e、i、u、ü……"韩彬彬的努力没有白费，经过很长时间的努力认读，他能够一口气认读这些汉语拼音字母了。

时间一天天过去，韩彬彬每天以电视为伴，后来还有模有样地跟着字幕，学着用普通话配音。

"要是我能打字，那该有多好啊。"看着电视节目里配的字幕，韩彬彬期望自己能学会打字。

一个生活不能自理，手脚都不听使唤的人，怎么可能学会打字呢？别人用手、用脚打字，彬彬打字却是用的鼻尖！

韩彬彬11岁时的一天，用鼻尖摁了摁遥控器的按钮，电视里播放的节目一下就跳转到另外一档节目。"妈妈，妈妈快来看，我可以用鼻尖摁遥控器换台了，我现在还想用鼻尖在手机上打字！"

从那以后，彬彬坐在床边爸妈自制的推车里，将手机放在他低头可以摁到的地方。当年的手机触屏极少，韩彬彬想用鼻尖摁准按键是相当困难的。何况每次他用鼻尖摁手机按键，自己根本看不到手机屏幕。

为了感知每个键的位置，韩彬彬总是要一次次低头，又一次次尝试，有时候他一练就是几小时，常常累得满头大汗。

一分耕耘一分收获。韩彬彬的努力没有白费，经过不断摸索，他终于用鼻尖的碰触试出了每个按键的功能。

很快，韩彬彬学会了在手机上用QQ和朋友交流。现在，他已经能熟练地上网查阅资料和用微信与人交流了。

韩彬彬的手机里，有40多个群，都是交流棋艺的。只是，韩彬彬的很多QQ好友、微信好友，至今都不知道，与自己聊天的人，每个字都是用鼻尖打出来的。

梦想成为象棋大师

命运在关上一扇门时，会为他打开另一扇窗。年幼时，韩彬彬就是个象棋迷，只要爸爸黄发斗和别人下棋，他都会伸着脖子，目不转睛地"观战"。

11岁半的时候，韩彬彬开始上阵跟别人对战，爸爸黄发斗在一旁帮他移动棋子……渐渐地，身边很多人都不是他的对手了。

近几年来，韩彬彬因为长期用鼻尖在网上跟别人比赛，手机都用坏了好几个，鼻尖也起了厚厚的老茧。

只是，韩彬彬的爸爸黄发斗2007年在天津遭遇车祸，2014年，再次遭遇车祸，不幸离世。尽管如此，韩彬彬从未停止学习象棋。

2015 年 8 月，中国象棋草根王争霸赛在天津市北辰区举行。120 多位选手参赛，韩彬彬沉着应战，妈妈帮他移动棋子。"此次比赛第十名是韩彬彬！"母子二人听到结果后喜极而泣，主持人伸出的大拇指在空中举起了很久。

去年 2 月，韩彬彬母子俩从天津回到了大昌镇，并在场镇租了间小屋安顿下来。

现在，彬彬的家里每天都会来很多人和他切磋棋艺。别人下棋看三步五步，韩彬彬下棋却能看到八步十步之外。因此，每步怎么走，他总是了然于胸。

韩彬彬的手虽然不能动，但他会动嘴说，请别人帮他动棋子。目前，每场都胜的他，还教会了不少人下象棋。

"我最大的梦想是成为象棋大师，参加各种象棋比赛让自己成长，成为职业棋手。如果有机会，我想办象棋培训班或者为别人做棋艺教练。"谈到未来，彬彬很坚定也很执着，他要用一技之长养活自己和妈妈，不给任何人添麻烦。

——资料来源：励志！重庆脑瘫小伙用鼻尖下象棋养活家人 [N]. 重庆广电第 1 眼，2022-05-02.

【析案例】

从一个生活不能自理的脑瘫患者，自己患有脑瘫，只能常年窝在用钢管焊制的推车里，到学会了听别人说话，学会了拼音，学会了用手机打字，学会了象棋，2015 年中国象棋草根王争霸赛第十名。听起来不可思议，但我们认为这样一件完全不可能的事情，韩彬彬却做到了。对青年大学生来说，这是一个很好的学习榜样。

树立正确的世界观、人生观、价值观。韩彬彬虽然残疾，但是他并没有因为自己残疾就荒废自己的人生，而是不断努力地融入社会，为此他学会了听人说话，学会了拼音，学会了用手机打字，学会了象棋。而且他还安慰自己的父母："爸爸妈妈，我能听、能说、能思考，我想在家里自学知识，我还想长大后赚钱孝敬您二位老人！"由此可见，他的三观是非常正确的。

敢于直面人生的境遇。韩彬彬虽然身体残疾，但是他自己并没有被这一事实吓到，也并没有认命，而是通过自己的努力不断进取，勇往直前，以自己的兴趣为起点，一步一步地去将自己的兴趣变为现实，给自己的人生争取更多的可能性。

保持积极进取的人生态度。对于自己的人生和未来，韩彬彬有着自己的目标和规划，他坚定也很执着，他要用一技之长养活自己和妈妈，不给任何人添麻烦。他说："我最大的梦想是成为象棋大师，参加各种象棋比赛让自己成长，成为职业棋手。如果有机会,我想办象棋培训班或者为别人做棋艺教练。"

【融教学】

本案例讲述的是脑瘫患者韩彬彬通过自己的努力,学会听别人说话,学会用鼻尖打字,学会下象棋,始终保持求真务实、乐观向上、积极进取的人生态度的故事。本案例可用于第一章第二节"积极进取的人生态度"的辅助教学。

教师在教学过程中要结合韩彬彬不断进取的精神,引导学生寻找人生的意义,从人生价值的角度引导学生去思考自己的人生应该怎么样才是值得的。引导学生找到自己人生意义的正确答案,然后朝着自己设定的这一人生目标前进,创造出属于自己的有意义的人生。

此外要引导学生认识创造有意义的人生必须保持积极进取的人生态度。没有积极进取的人生态度,再崇高的人生目标和人生价值都无法实现,尤其是对胸怀远大理想的青年大学生来讲,面对物欲横流的社会和多元文化的影响,必须认真、务实、乐观、进取,通过自身努力来实现人生价值。

【拓思考】

1. 有人说进了高职,只求毕业,没有人生追求了。你同意吗?请结合韩彬彬的案例谈谈你的感受。

2. 结合案例材料思考:人应当如何活着?

教学案例二　巫山县助人为乐孙青松：一直前行在公益路上

【阅案例】

孙青松，男，汉族，中共党员，现年 24 岁，重庆市巫山县红叶行动大学生志愿者协会会长。

作为一名志愿者、协会会长，孙青松积极调动民间力量，长年关爱留守儿童，坚持助贫扶弱，迄今已经坚持了 3 年。年均带领志愿者关爱慰问 50 多名留守儿童，开展 20 余次关爱活动，为孩子们募捐衣服、鞋子、图书等价值 10 万元的物资。

作为一名志愿者，他徒步山区，调查需要帮助的家庭和孩子；他为乡村学校的孩子们"送教到家"；他牵头举办"大学生爱心募捐晚会"，为留守儿童募捐物资；他联系企业为孩子们募捐电脑促建微机室，满足留守儿童的新年愿望……他就是孙青松。

4 年来，除了关爱留守儿童、送教到家、高三励志演讲和扶贫支教……孙青松奔忙于各种公益志愿活动中。在他的带动下，红叶行动大学生志愿者协会从事公益活动的大学生越来越多。2014 年，他在重庆市寻找乡村好青年活动中获"巫山县道德好青年"；在巫山县"道德标兵"评选活动中，被评为"助人为乐道德标兵"。他所带领的团队——巫山县红叶行动大学生志愿者协会荣获"第六届重庆市优秀青年志愿服务组织"和在 2014 年"学前教育国际研讨会暨中国早教论坛五周年庆"活动中被评为"优秀青年志愿者服务团队"。

坚定志愿服务信念

"今年的新年心愿已经认领多少个了？"

"已经认领的大概 1100 个，还有 900 个正在征集之中。"

"下一步先把红椿乡的 50 多个温暖包发下去。再就是加大宣传力度，尽快让人来认领剩下的新年心愿。"

当记者来到孙青松的办公室时，他正在询问志愿者协会成员周豪最近新年心愿的认领情况。

"我出生在农村，小时候父母都在城里打工，我就成了一个留守儿童，缺少父母亲的关爱。"回忆起从前，孙青松说，当时有几位大学生志愿者得知情况后，在学习、生活上一直帮助他，直到上大学。

"我也要像帮助过我的大学生志愿者一样，去帮助跟我有一样经历的，甚至更需要帮助的人。"在孙青松走进中国农业大学之前，这个信念就一直坚定在他的心中。2011年，怀着一颗赤诚之心的他，报名参加了中国农业大学志愿服务总队，从那一刻起便开始了他的公益生活。

他陆陆续续参加了学校组织的多项志愿服务活动，不管是农民工小学、贫困家庭、敬老院、赛事现场……你都能看到他的身影，丰富的志愿服务经历让他成长了很多。"奉献、友爱、互助、进步"——代表的是志愿者的形象与行动指南。"志愿者，已不再是简简单单的一个称号，而是一种荣誉，更是一种社会责任。"孙青松说。

成立巫山首支大学生志愿服务队

上大学后，孙青松和几名巫山籍大学生利用假期回到巫山开展各类志愿服务活动。2012年1月，在巫山中学教室里，他成立了巫山县第一支大学生志愿服务队——巫山县红叶行动大学生志愿者协会。

"在协会刚成立时，我们只有7个人，人少，经费也紧张，但要开展志愿服务活动，经费是必不可少。"为了筹集举办活动的经费，孙青松带领其他队友大胆地走进县内各个企业邀请赞助。同时，还组织队友们在学校进行义卖。就这样，通过队友们的积极争取，红叶行动得到了很多爱心企业的支持，也办成了一件又一件的爱心实事。

当记者问起，为什么取名叫"红叶行动大学生志愿者协会"，孙青松说，成立协会时，正值巫山满山红叶时，一片片红叶看似普通，却顽强地生长于悬崖峭壁之间。红叶绽放着它们对世界的热情和温暖，就像志愿者的奉献精神一样。于是，他们就将团队命名为"红叶行动"，取红叶之"平凡、顽强、热情"的精神为团队文化。

公益活动助他人

成立志愿者协会后，孙青松和10余名志愿者分别前往龙井乡、曲尺乡和笃坪乡慰问留守儿童，给孩子们送去了新衣服、书包、文具、新年礼物和慰问金。

为了解留守儿童的心理世界和开展后续关爱活动，孙青松和4名留守儿童建立起大手牵小手的帮扶关系，上学期间就与孩子们保持电话联系，关心他们的生活和学习，放假回家了就到孩子们家中进行走访。由于这些孩子的家都在偏远山区，每次去孩子们家中都要坐几小时的车，有的还要步行一小时左右才能到达，但是他还是坚持每个假期都要去看望孩子们。不仅如此，他还鼓励红叶行动的所有志愿者根据自身条件对留守儿童进行帮助，如果遇到家庭条件特别困难的留守儿童，他就帮助联系爱心企业进行一对一帮扶。

除了关注留守儿童，孙青松和队友们还走进巫山中学高三毕业班，为高三学子做励志演讲，为他们排解高考压力；走上街头小巷，开展公益慈善募捐以及公益义卖活动，唤起社会各界对弱势群体的帮助与支持；他和队友们一起组织举办了"巫山县首届大学生爱心募捐文艺晚会"，晚会共募集善款3万余元，物资价值近7万余元，顺利为希望小学捐赠了全新书籍514套，为山区捐赠棉被50套、羽绒服60件，资助了30名巫山留守儿童……

把爱传递得更远

2014年8月8日，巫山县红叶行动大学生志愿者协会正式在巫山县民政局登记注册，孙青松在做基层公务员的同时，继续扛起红叶行动的大旗，担任协会会长，将红叶行动志愿服务活动继续开展下去。

为了把红叶行动的志愿服务精神传递得更远，帮助更多人，孙青松把红叶行动活动传播到了云阳县和开县（今重庆市开州区），并于2012年8月和2013年2月成立了红叶行动志愿服务队，在当地开展志愿服务活动。

2012年寒假，孙青松带领红叶行动联合北京川渝学联共30名志愿者前往开县，在开县8所高中举办了高三励志演讲。"从2012年到2014年寒假，巫山、云阳、开县3个地方的大学生志愿者都走进高三的课堂，给高三学子分享他们的高考经验，传递红叶正能量。"孙青松说，到目前为止，听过红叶行动大学生志愿者励志演讲的高三学子累计5000余人次。

为了帮助更多贫困家庭渡过难关，为了帮助村校解决吃水难问题，为了帮助偏远地区学校建立微机室，孙青松和队友们一起走访巫山多家企业和联系外地公益组织争取赞助，筹集活动经费。

截至目前，红叶行动已经帮助龙井乡青山家树希望小学建设了水池，帮助笃坪中学争取到了30余台电脑建设微机室，帮助陈国香、吴明翠、张英等留守儿童联系了一对一帮扶。很多大学生因为红叶行动的志愿服务精神慕名加入组织，现在已经有300余名大学生志愿者参加了红叶行动的志愿服务活动，有近百名正式注册志愿者。雅安地震、鲁甸地震，孙青松虽然不能走进一线帮助救援，但是他积极发动募捐活动，为灾区募捐物资和资金。

一直前行在公益路上

寒来暑往，花开花落。一路走来，孙青松带领红叶行动的志愿者，坚持不懈地奔走在志愿服务的路上，他们有了自己的网站，有了自己的队伍，有了当地民政局注册认可，也有了在志愿服务工作中自己的青春脚印。

面对未来，孙青松希望可以进一步扩大服务队的志愿服务范围，吸引更多大学生及社会爱心人士参与其中，放大爱心力量。在志愿服务道路上，他希望永远走下去。在道德精神上，他希望一直充实自己。

采访结束时，记者问孙青松为什么会坚持做公益，孙青松说："作为一个年轻人，应该有一种奉献爱心和参与公益的精神，同时也要在社会上传递一种积极向上的核心价值观，做一个懂感恩、送爱心的青年。'德不孤，必有邻'，我要一如既往地前行在志愿公益道路上。"

——资料来源：巫山县 孙青松-助人为乐 ［EB/OL］．华龙网．2016-9-23.

【析案例】

从案例中我们看到了孙青松因为遇见而坚守，从小我行动到多人公益，用坚持不懈的行动诠释人生价值的精神和品质。孙青松出生在农村，从小就成了留守儿童，缺乏父母的关爱，曾经得到过几位志愿者给予的生活学习方面的帮助，因此坚定了以后从事志愿服务的理想信念。在大学期间他参加过各种各样的志愿服务活动，2012年成立了巫山红叶行动大学生志愿者协会，为巫山县的留守儿童送去了温暖，后来他将自己的服务范围不断扩大到周边县城，也一直坚守在公益服务第一线。孙青松不仅自己投身于志愿服务活动，还不断影响着身边人参与到公益服务中来。作为大学生的他本应该有更好的发展机会，去大城市工作，但是他回到了家乡当公务员。他本可以在自己的岗位上发光发热、步步高升，但是他把全部空余时间用来做公益活动。为什么他会在志愿服务这条路上越走越远，因为他清晰地知道自己的人生价值在哪里，就像他自己说的"作为一个年轻人，应该有一种奉献爱心和参与公益的精神，同时也要在社会上传递一种积极向上的核心价值观，做一个懂感恩、送爱心的青年。'德不孤，必有邻'，我要一如既往地前行在志愿公益道路上"。这是他的世界观、人生观和价值观，也是他的生命的价值所在。

【融教学】

本案例讲述的是大学生孙青松因曾经受到志愿者的帮助和关怀而坚定投身

于志愿服务的理想信念，并且在现实中通过创办巫山红叶行动大学生志愿者协会实现自己的理想信念和人生价值的案例。本案例可用于第一章第二节"正确的人生观"、第二章"理想信念的内涵及重要性"、第四章第三节"积极践行社会主义核心价值观"的辅助教学。

此案例可以用于第一章"领悟人生真谛把握人生方向"第一节"人生观是对人生总看法"的讲解。教师在教学中一方面要引导学生正确认识人生目的、人生态度和人生价值的内涵及特征，引导学生树立奉献社会、服务人民的崇高的人生观。大学时期是世界观、人生观和价值观形成的重要时期。教师要帮助学生深入领会马克思主义关于人生问题的基本理论，准确掌握解决人生问题的科学方法，树立正确的人生观，明确自己的人生目的，端正人生态度，认识人生价值，为创造有意义有价值的人生奠定良好的基础。在教学中教师尤其要抓住孙青松乐于助人、无怨无悔从事公益活动的善举，阐明人生目的是个人在人生实践中关于自身行为的根本指向和人生追求，在人生实践中作用重大。

此外可用于第二章第一节"理想信念的内涵及重要思想"的学习。教师要引导学生一定要坚定理想信念。理想信念是精神之"钙"，理想信念缺乏，就会导致精神上缺钙。新时代大学生是民族、国家的未来希望，是实现中华民族伟大复兴的中国梦的中坚力量。广大青年学生应该树立中国特色社会主义共同理想和共产主义远大理想，在坚定理想信念的过程中，通过练就一身过硬本领、勇于创新创造和矢志不渝地艰苦奋斗实现自我人生价值、理想信念。

此外，还可以用于第四章"明确价值要求，践行价值准则"第三节"积极践行社会主义核心价值观"的讲解。教师要引导学生树立正确的世界观、人生观、价值观，扣好人生的第一颗扣子。在本案例的教学中，教师通过讲解孙青松坚定志愿服务信念，从个人行动到多人公益的心路历程，引导学生从现在做起、从小事做起，自觉担当起自身肩负的历史使命，自觉加强价值观养成，树立正确的价值取向，在服务人民和奉献社会的过程中实现自我的全面发展。

【拓思考】

1. 结合孙青松的案例，谈谈你对人生观的理解。

2. 作为青年大学生，你如何确立自己的人生目标？你将通过哪些实践来实现自己的人生价值？

教学案例三 江津孝老爱亲滕明德：身残志坚 20 年如一日独立照顾母亲

【阅案例】

在许多人眼中，残障人士往往是弱者的代名词，是需要被别人照顾的人。然而，江津区鼎山街道东门社区残疾人滕明德却是生活中的强者，他虽然腿脚残疾，但 20 年如一日悉心照顾年迈的母亲，用单薄的肩膀扛起了生活的重担。

"我会靠自己的力量照顾好自己的母亲。"如今已经 89 岁的滕明德母亲，依然健康，而 58 岁、拖着残腿照顾母亲 20 余载的他，至今仍然单身。老邻居感叹："那么多四肢健全的人，都没有滕明德这么孝顺！"

身残志坚 他独力挑起照顾母亲的重担

走进鼎山街道东门社区滕明德的家，房间不大，却很整洁，屋内摆放着的老式的床和柜子就是全部家当。站在水池边，滕明德一边洗着菜，一边讲述着他的故事。

滕明德出生在江津金泉，在他两岁时厄运突然降临在了他身上，一次感冒让他患上了小儿麻痹症，从此双腿留下残疾。

"我深知自己身体的缺陷会给家里带来什么，那时我心里想的最多的就是不要成为家里的负担。"面对困境，滕明德总是很乐观，他并不因为自己是残疾人而感到自卑。为了给家里减轻负担，滕明德包办了洗衣、煮饭、喂猪等家务，他的两个姐姐就在生产队做事挣工分来换粮食养家。后来，还未成年的滕明德开始出去挣钱，他先后进过工厂，学过配锁，学过修鞋……这样的日子虽然贫穷，但他们过得很幸福。

1992 年的一天，滕明德健康的父亲突然一病而逝，家中的顶梁柱轰然倒塌，再加上他的两个姐姐嫁了人，下面还有一个年幼的弟弟，从此，照顾母亲的重担落在了滕明德一个人身上。

孝感天下 他 20 年如一日无怨无悔

"两个姐姐嫁人后不方便照顾母亲，我理所当然地应该肩负起照顾母亲的责任，身体上的困难都不算什么，尽孝要趁早嘛。"谈起当初为什么会毅然选择照顾母亲时，滕明德回忆道。

不知道被油烫过多少次，被刀削破过多少回手，但一日三餐，滕明德定会按时把饭菜端到妈妈手上；被子洗不动，他一块一块洗，一截一截拧，一个冬天下来，他的5个手指肿得像5根胡萝卜；晒衣服够不着绳子，他站在凳子上晾晒，踩歪了倒下去，摔伤了爬起来，再洗再晒。日复一日，年复一年，伺候母亲似乎成了滕明德人生里唯一的事情，他用于支撑身体重量的双手也长满了老茧。看着同龄的人都已经成家立业，有的孙子、孙女都上小学、上初中了，自己除了母亲，几乎一无所有。就一直这样过吗？自己年纪大了，腿脚越来越不灵便，以后还能照顾好母亲吗？滕明德突然感觉特别害怕。夜深人静时，他在床上辗转反侧，不敢想象未来会怎样。

"不想了，结不结婚都无所谓，再苦再累，我也不能不管自己的母亲啊。"就这样，过去的20多年，滕明德每天重复着这样的生活，他用实实在在的行动诠释着一份难能可贵的孝心。

回报社会　他的善举令人敬佩

"这几年，为了照顾母亲，我很少出去修鞋，多亏了政府给我办理了低保，我们才能维持生活，而现在我又申请到了廉租房！"说起现在的政策，滕明德很是感激，同时他也开始用实际行动来感恩社会。

除了经常参加无偿献血以外，滕明德在3年前还做出了一个大胆的决定：在自己离世后，把自己的遗体捐献给国家。

后来通过多方打听，滕明德找到了江津区红十字会，终于在今年1月办理好了遗体捐献的所有手续。在滕明德的影响下，他的几个好朋友何高锋、周中全、陈安明也决定用这样的方式回报社会对他们的帮助，并一同签下了遗体捐赠协议。

"政府和社会这么照顾我，我总得做点什么回报大家才行。我现在这个样子，也不可能为国家创造多大的贡献，如果捐献遗体能帮助国家医学事业发展，也算是好事一件。"滕明德说。

虽然他没有文化，但是深怀孝心；虽然从小残疾，但凭弱小的身躯扛下家的重担。滕明德用自己的行为，诠释了"百善孝为先"的古训，谱写了现代人的孝心曲。

——资料来源：陈婷，广越.用心撑起爱的晴空——走进"重庆好人"滕明德的故事［EB/OL］.江津网，2022-07-27.

【析案例】

首先，滕明德弘扬了中华优秀传统美德"孝"，为人们做出表率。滕明德父亲去世得早，两个姐姐嫁人后也不方便照顾母亲，自己承担起照顾母亲的责任。他虽然腿脚残疾，但20年如一日悉心照顾年迈的母亲，用单薄的肩膀扛起了生活的重担。不知道被油烫过多少次，被刀削破过多少回手，但一日三餐，滕明德定会按时把饭菜端到妈妈手上；被子洗不动，他一块一块洗，一截一截拧，一个冬天下来，他的5个手指肿得像5根胡萝卜；晒衣服够不着绳子，他站在凳子上晾晒，踩歪了倒下去，摔伤了爬起来，再洗再晒。照顾母亲20年，再苦再累也要让母亲吃饱穿暖。

滕明德正确处理了个人与社会的辩证关系，在回报社会的过程中实现自我发展。他意识到自己受到政府的帮助，就以自己力所能及的行动来回报、感恩政府。经过努力，他找到了江津区红十字会签订了遗体捐献协议，决定以遗体捐献的形式回馈社会、国家。

滕明德身残志坚，表现出自力更生、自立自强的高尚品格。滕明德虽然没什么文化，但是深知自强不息的道理，他知道自己的身体缺陷会给家里造成很重的负担，但是他并没有因此而灰心丧气、也并没有因为自己是残疾人就感到自卑。他总是以积极乐观的心态面对这一切。

【融教学】

本案例主要讲述了滕明德身残志坚、照顾母亲、回报社会的故事，继承和弘扬了中华优秀传统美德。

本案例可用于第一章第一节"个人与社会的辩证关系"的学习，教师在教学中结合主人翁回报社会，引导学生认识个人与社会是对立统一的，两者相互依存、相互制约、相互促进；认识个人与社会的辩证关系最根本的是个人利益与社会利益的关系；认识人的社会性决定了人只有在推动社会进步的过程中，才能够实现自我的发展。积极引导学生从个人、家庭和社会的角度思考自己的人生之路，培养自己心中有家、有国、有党和人民的高尚情怀。

此外，该案例还可以用于第五章第三节"弘扬家庭美德"的辅助教学。教师要积极引导学生重视家庭，中华民族历来重视家庭和亲情，弘扬和传承中华传统"孝"文化，重视家庭文明建设，遵守家庭中的道德规范，有利于大学生健康成长、顺利成才。

【拓思考】

1. 结合所学专业思考：你如何在工作中处理好与他人的关系？

2. 结合自身实际思考：当代青年是否需要培养艰苦奋斗的精神？

3. 结合滕明德的事迹思考：你将如何弘扬家庭美德？

教学案例四　城口敬业奉献陈心尧：38 载无怨无悔留守山村只为桃李竞相开

【阅案例】

陈心尧，男，生于 1957 年 7 月，城口县巴山镇龙王村小学教师。

他以校为家，38 年默默耕耘，传播知识的火种。起初很多学生家庭都交不起学费，他便用自己每月只有 9 元的微薄工资来垫付，但实际上好多家长都没有补交。38 年里，他爱护学生胜过自己的生命，每逢雨天，他便早早地来到河沟旁，把孩子们一个个背到对岸；放学时，又把孩子们一个个背过河。1985 年夏季的一天，山洪暴发，陈心尧背着学生通过水满齐腰的小河时，不料河水冲力太大，差一点就命丧黄泉，最后在另一位老师的帮助下才有幸逃过一劫。

只有让所有孩子正常上学，才能改变村子里的贫困面貌

1977 年 8 月，高中毕业的陈心尧以民办教师的身份，走上了三尺讲台。"走上讲台之前，抱着一种吃'公家粮'的期许；而走上讲台之后，更多的是身为人师的责任和担当。"陈心尧说。

在当时社会物质文明还很匮乏的年代，人们还吃不饱穿不暖，学校教育得不到基本的重视，甚至有一些家长不让孩子上学，让小小年纪的他们就下地种庄稼。

"起初每位学生一学期只有 8 毛钱的学费，但是好多家庭交不起。往往每学期开学只有几位学生来报名入学。"陈心尧苦笑着说。

对每个有村小教学经历的教师来说，面对这样的情况，都是十分尴尬和无奈的。尤其对陈心尧这个土生土长的龙王村人而言，他的心里更是有着一种无以言表的酸楚。

"一方面，确实每家每户基本生活都成问题，我能理解家长的处境；另一方面，如果孩子不上学读书，就不能从根本上去改变农村的穷困面貌。"刚走上讲台的陈心尧，就遇到这样一道难解的题。

两利相权取其重。面对这道难题，陈心尧从未退缩，以至于此后的 20 多年间，他都在优化答案：想尽一切办法，让所有孩子都能到学校学习知识、改变命运。

因此，在新学期开学的两个月内，家访劝学就成了陈心尧教育工作中的一个重要部分。对他来说，这份工作量比每天的教学任务重得多。

"由于村民们白天都在下地劳作，只有晚间才能与适龄学童的家长碰面。不得不每天傍晚挨家挨户给家长做思想工作。"陈心尧说，本来胆小的他，一想到需要上学的孩子们，也就什么都不怕了。

有些居住偏远的学生，陈心尧一走就是好几个小时，以至于脚板磨破，但他毫无怨言，仍是苦口婆心地劝导家长。有时，他回到家中已是半夜时分。

"为了让家长松口让孩子上学，我就说学费我可以先垫上，家长有了再给。"陈心尧介绍，让家长安心时，自己心里却是紧了又紧。

"自己每月只有 9 元的微薄工资，每年要拿出将近一半来垫付学费。但实际上好多家长都没有补交学费，那时就只能让自己家人节衣缩食。"陈心尧说，看着孩子们能坐在教室里安心学习，再苦再累也值得。

爱护学生胜过自己的生命，用肩膀铺平学生们的求学路

在村小教书，除了要出色地完成教学任务外，保障学生的安全也自然成了村校教师的一项重要职责。于是，在陈心尧的教学生涯中，让孩子们每天安全回家，也就成了他的一项重要工作。

陈心尧介绍，由于学生们年龄比较小，甚至一些孩子只有三四岁，他们没有多少安全意识，学生家长忙农事，没有时间每天接孩子。于是，每天放学后，他都得把学生们送到安全平稳的路段。而在龙王小学读书的学生，最多时达到40 多人。

"特别是到了下雨天，心里就特别紧张，生怕哪一个娃儿没有到校，哪一个娃儿没有安全回家。"陈心尧说，孩子们是家长的掌中宝，同样也是他的心头肉。每逢雨天，他便早早地来到河沟旁，把孩子们一个个背到对岸；而放学时，又要领着孩子们来到河沟边，把孩子们一个个送到安全的地方。

龙王村山大沟深，溪流密布，每逢夏季暴雨，溪流猛涨，木桥通常都会被水冲走。在夏季，过河就成了一件难事。不仅如此，山里夏天经常出现滑坡、泥石流、垮岩等地质灾害，更是令人防不胜防。这些对幼小的孩子们来说非常危险，上学路变得困难重重。

这一接一送，他每天只能在早上六七点钟吃碗面条，便匆忙赶到学校；而要在下午五点左右才能回家吃午饭。长年累月不能按时就餐，以至于让他患上了胃病。

胃病对陈心尧来说，倒是件小事。而令他至今心有余悸的是，曾在送学生过河时差点丢了命。1985 年夏季的一天，陈心尧背着学生从小河沟里齐腰的水里经过，不料河水冲力太大，身体单薄的他，根本经不住河水的冲击。关键时候，他想到的是学生的安全，死死将学生抓住递给另一名老师后，陈心尧才奋力地逃到岸边。

在38年里，陈心尧爱护学生胜过自己的生命，没有让一个学生因上学道路困难而旷课，更没有让一个学生在上、放学路上遭受伤害。他以单薄的身体和瘦弱的肩膀，铺平了学生们的求学道路，让孩子们得以用心学习、健康成长。

把更多的心血放在学生们身上，或多或少忽略了自己儿女的教育引导，也少了对儿女在生活中的关怀照顾，更别说承担家庭重担。陈心尧说，这让他觉得对家庭、妻子、儿女有亏待，但他并不后悔。

独守山村只为孩子们走出大山，内心充满大爱就不会孤单

"每当太阳升起，有座山峰上的几块巨石，就变成了一只金光闪闪的雄鸡……"近日，记者来到巴山湖畔的龙王村小学，陈心尧在和二年级的孩子们一起朗诵《黄山奇石》，琅琅读书声浸润着校园。

缺教师的村小，教学任务十分繁重，加上照顾孩子们的生活，让陈心尧的工作压力更大，但他没有一点怨言，尽其所能为孩子们付出。

"起初我叫妻子或儿媳来学校做饭，我则是每天回家当学生，跟在一旁学习厨艺。"陈心尧笑着说，为了孩子们的午饭，从不会做饭的他，最终学会了做简单的饭菜。

不仅如此，陈心尧还在学校一旁空地上种上番茄等时令蔬菜，带着孩子们参加除草、施肥，然后用这些蔬菜为孩子们做菜，大家一起分享丰收的喜悦，体验劳动的辛苦与快乐。

寒来暑往已是38个冬夏，当年青丝已成苍苍白发，岁月在他脸上留下道道深深浅浅的痕迹，却让他的笑容更加深沉。

其实，陈心尧是有机会离开村小的，但是他一次次选择了直言拒绝。巴山镇第二中心小学黄校长告诉记者，"巴山二小新校建成后，我们准备把陈老师调到中心小学，但是被他拒绝了。他说，'他走了，没有其他老师愿意来，孩子们怎么办？'"

而在采访中，陈心尧总是把"龙王村"称为"我村"。他说，他是一名人民教师，更是龙王村里孩子们的人生领航者和指路人。

诚然，现在龙王村里好些家里祖孙三代都是陈心尧的学生；而他的学生里，很多人成了领导干部、企业高管、致富能人，也有许多学生和他一样成了人民教师，在社会的各个岗位上发挥着作用。

"看着好多人挣大钱，我不羡慕。作为教师，我就要守住自己的本分。我的学生能干，就是我最大的骄傲。"陈心尧说。

38个春秋，陈心尧始终用火一样的育人热情，点亮一批又一批孩子们追梦的前路。他无怨无悔留守山乡，因为内心充满大爱就不会孤单。

——资料来源：李智远．安贫乐教终无悔　只为桃李竞相开——记首届"城口最美教师"陈心尧［EB/OL］．城口新闻网，2014-09-22．

【析案例】

陈心尧完美诠释了"教书育人"的真谛。陈心尧坚守山区38年，帮助交不起学费的学生垫付学费；每天将学生安全护送到家，尤其是下雨天，生怕哪一个娃儿没有到校，哪一个娃儿没有安全回家，为了把学生顺利送过河，差点搭上自己的生命；陈心尧爱护学生胜过自己的生命，没有让一个学生因上学道路困难而旷课，更没有让一个学生在上、放学路上遭受伤害。他以单薄的身体和瘦弱的肩膀，铺平了学生们的求学道路，让孩子们得以用心学习、健康成长。他说："看着好多人挣大钱，我不羡慕。我作为教师，就要守住自己的本分。我的学生能干，就是我最大的骄傲。"

陈心尧践行了爱岗敬业的职业道德，为世人做出了表率。学生就是他的一切，村小的教学任务很繁重，加上照顾孩子们的生活，让陈心尧的工作压力更大，但他没有一点怨言，尽其所能为孩子们付出。陈心尧原本有机会离开村小去更好的地方发展，但是他一次次选择了直言拒绝，因为他担心没有老师愿意来，就这样在自己的岗位上坚守了38载。

陈心尧心怀"国之大者"，敢于担当。作为一名教师，不仅仅是要传道授业解惑，更重要的是将自己的使命与国家前途命运紧紧联系在一起。陈心尧走上教师讲台的初衷是为了让更多的山区孩子走出去，改变村子贫穷落后的面貌，为此他挨家挨户去家访劝家长送学生去上学。如今，他培养的学生成了领导干部、企业高管、致富能人，也有许多学生和他一样成了人民教师，在社会的各个岗位上发挥着作用，为国家发展做出了各自的贡献。

【融教学】

本案例主要讲述了陈心尧教书育人、爱生如子、坚守岗位、尽职尽责的故事。

本案例可用于第五章第三节"恪守职业道德"的辅助教学。教师在教学中要结合本案例引导学生认识职业道德的重要性。一是要结合陈心尧的案例引导学生认识职业生活中必须遵守的职业道德规范，培养学生爱岗敬业、干一行爱一行的精神；二是要引导学生结合专业和国家、社会的需要树立正确的择业观和创业观，树立崇高的职业理想，服从社会发展的需要，做好充分的就业准备，培养创业的勇气和能力。

【拓思考】

1. 作为当代大学生，谈谈今后你如何践行职业道德。

2. 结合所学专业思考：你如何树立正确的就业观和择业观？

教学案例五 重庆忠县助人为乐谢彬蓉：扶贫先扶智更要扶志，走进大山更要融入群众

【阅案例】

作为军人来自人民、服务人民，作为退役军人要回归人民，更要回报人民。谢彬蓉同志志愿把赴凉山彝村支教当作实现梦想、回报人民的最好方式。

2013 年退役后，谢彬蓉同志特意留了长发，但为了方便支教，2014 年 2 月 22 日她鼓足勇气理了齐耳短发，第二天毅然踏上了支教之路。2 月 24 日，到达支教的第一所学校——西昌市附近一所民办彝族学校。那里环境卫生条件很差，各类病菌极易滋生蔓延，没过几天，她的眼睛就因重度感染而不得不进行手术治疗。在当两个星期"独眼龙"老师期间，谢彬蓉坚持一边教书上课，一边用部队的标准要求大力整治学校的环境卫生，一段时期后，校园卫生彻底改观，校长的母亲说："谢老师，你是当兵的确实不一样，现在卫生好了，我喜欢得很！"

在接下来的时间里，谢彬蓉同志先后出资 1000 多元，并募资 2 万多元，帮助孩子们修建了教室，让 128 个没有学籍的孩子全部进入一所公办学校学习，并统一进行了学籍注册登记。

原以为尽心尽力完成一个学期志愿者服务时间，就可以安心离开了，但一次监考却再次拴住了她的心。

那个期末，她被抽去乡中心校监考，原以为那里软硬件好于她的支教学校，孩子们的成绩也一定会更好。但情况并非如此，看到孩子们试卷上的空白和歪歪扭扭不成形的汉字，有的连自己的名字也写不出来……

那一刻，谢彬蓉同志才意识到，这里的教育固然需要资金和硬件的支持，但最匮乏的资源却是老师。于是她在心里暗暗说：留下来！不但要留下来，而且要往山里去，做彝家孩子们真正的老师！这一留就是 3 个学期。

支教期间，正值国家脱贫攻坚阶段。谢彬蓉同志觉得山村的教育、思想观念的转变更应当被重视。因此，她不仅教孩子们识字算题，更教孩子们如何养成文明和卫生的好习惯，把品质教育贯穿于教学始终。

现在，谢老师的孩子们特别大方、阳光、自信，她就像看到自己孩子有出息了一样，无比欣慰。扎甘洛村小已经走在了当地精准扶贫之"小手拉大手""五洗工程""四好"目标的前头了。村书记曾说："谢老师，我发现你来了之

后，我的村民都比原来好管理些了。"

这正是"一个老师影响一群学生，一个学生影响一个家庭，一个家庭带动一个村庄"的真实写照。

支教这5年，谢彬蓉同志能够坚守下来，也并非一个人在战斗！

爱人知道她支教生活艰苦，每个假期回家，都全力做后勤，买菜烧饭洗涮等都不让谢老师动手，还帮助下载教学资料，等等。受谢老师感染，其爱人也于今年7月积极响应国家脱贫攻坚号召，主动报名支边到新疆和赛克布尔县为城乡居民和牧民们提供法律援助。女儿起初担心她的身体，不同意支教，当了解到妈妈与孩子们在一起很开心，就默许了。谢老师的女儿现在经常从上海打来电话关心妈妈的身体、生活和弟弟妹妹们的学习情况。

谢老师的战友、同学和一些爱心朋友，总是在学校物资困难的第一时间提供支持和帮助。所在党组织也非常关心她的支教工作，重庆市军转服务部门除了平时电话关心外，每到八一还到家里慰问，请她参加相关座谈，安排她重回大学接受继续教育，为她更高效、科学的支教提供有力保障。

大凉山的冬天虽然很冷，但有家庭、社会和组织上的温暖，谢彬蓉同志就像一名坚定的播火者，把爱和温暖传递到彝族同胞的心里，在民族团结的大家庭里守望相助，让孩子们都能快乐学习、健康成长，用支教这样无私的大爱助力凉山彝村的精准脱贫。

——资料来源：重庆文明办. 退役军人大山支教4年 给大凉山孩子送去知识和爱［EB/OL］. 中国文明网，2019-01-14.

【析案例】

与历史同向、与祖国同行、与人民同在，才能更好地实现人生价值、升华人生境界。2014年2月赴四川凉山支教至今，谢彬蓉走进大山融入群众，志愿把赴凉山彝村支教当作实现梦想、回报人民的最好方式；把支教作为助推彝族同胞精准脱贫的重要途径，当成支教志愿者、退役军人义不容辞的责任，永葆军人本色；把艰苦环境当成历练修行，把民族团结的回馈和各方的温暖作为强大的精神动力在支教路上坚定前行，不断践行全心全意为人民服务的价值追求。谢彬蓉的事迹告诉我们，大学生要在为人民群众服务、实现人民群众利益的过程中实现人生价值。

【融教学】

青年的人生目标会有不同，职业选择也有差异，但只有把自己的小我融入祖国的大我、人民的大我之中，才能更好地实现人生价值。谢彬蓉的案例，可应用于讲解第一章第三节第三目"成就出彩人生"，引导大学生树立正确的价值观。从现在做起，从小事做起，自觉担当起自身肩负的历史使命，自觉加强价值观养成，树立正确的价值取向，在服务人民和奉献社会的过程中实现自我的全面发展。

此案例还可用于讲解第四章第三节第一目"扣好人生的扣子"。对当代青年来说，大学时期是价值观养成的关键阶段。青年的价值取向，关系着自身的健康成长成才，决定着未来整个社会的价值取向。谢彬蓉走进大山融入群众，把赴凉山彝村支教当作实现梦想、回报人民的最好方式，就在于树立了以人民为中心的价值取向。引领学生深刻领悟：当代大学生要意识到自身肩负的历史使命，自觉加强价值观养成，树立正确的价值取向。

【拓思考】

1. 作为当代大学生，应如何培育和践行社会主义核心价值观？
2. 通过谢彬蓉的案例，结合自身实际谈一谈感受。

教学案例六　开州区诚实守信廖良开：一句承诺，一生践行

【阅案例】

"开儿！我很好，你不要担心。你的工作也忙，要注意身体，照顾好妻儿。"

"爸，你自己也多保重。妈刚走，我还是放心不下你，一有空就回去看你。遇到什么困难，一定要第一时间打电话给我。"

电话两头殷殷嘱托，令人动容。你一定理所当然地认为，这是一家人。然而只有熟识的人才知道，电话里的儿子，是重庆开州人廖良开，父亲是吉林桦甸市刘银智，不光是姓不同，20多年前这父子俩甚至毫无交集。之所以成为父子，是因为当年勇救落水群众时英勇牺牲的海军某部士兵刘继强。

烈士刘继强是廖良开的战友。1997年，年仅19岁的士兵刘继强因救人牺牲，被追认为革命烈士。作为他的战友，廖良开主动认下两位老人为"爹妈"，承诺为刘继强尽孝一辈子。

20年时光飞逝，当年的感动和义举也逐渐被遗忘。20年后的7月里，一条朋友圈的信息，在"母亲去世"的悲戚里，大家看到了廖良开20年默默的坚持：他管战友父母叫了20年"爸妈"，默默坚持替牺牲战友尽孝。一段尘封的故事也慢慢揭开来……

"我们是人民子弟兵。我想你跳下十几米高的防波堤救人，凭的就是为人民服务的信念吧。现在你走了，你的父母就是我的父母，以后我就是二老的儿子。"廖良开对着大堤大声地吼着，对着刘继强牺牲的地方，许下了庄严承诺。

自那天以后，他开始给刘继强的父母刘银智、梁桂茹夫妇写信，跟他们聊工作、聊生活，聊开心的、不开心的事。在一次次拉家常中，悲痛中的刘银智夫妇感到了一丝安慰。

认下爸妈之后，廖良开就开始尽一个儿子的义务。一有空就打电话跟二老谈心，把自己省下来的津贴一分为二，一份寄给重庆老家的爸妈，一份寄给吉林桦甸的爸妈。

那个时候，电话不是很普及，所以廖良开经常写信给吉林的爸妈，基本上每个月就有一封。

"我信上讲得比较细，聊聊自己身体咋样，最近训练了什么。读了什么书，有没有吃胖。妈回信的时候说，不爱说话的爸经常拿着信偷偷地笑。"

素未谋面，却成为至亲，这是极其珍贵的感情。

在交通不发达的年代，定居成都的廖良开到吉林探亲，要坐整整两天多的火车和汽车。即便如此，他至少每年都要跑一趟。后来成了家，就是夫妻同行，再后来有了儿子，探亲路上变成了一家3口。

就这样，双方来往着、交流着、感动着，一过就是20年。

一声父母千钧重，说好一辈子，就是一辈子。

"我叫了整整20年的妈妈走了，现在赶去吉林桦甸送她老人家最后一程。"7月27日，廖良开一条朋友圈的信息，让许多不知道情况的朋友们纳闷，纷纷打电话问候。得知真相后，很多人都被这个故事感动，留言祝福这一家天南海北的亲人。

"我7月26日晚上接到吉林父亲的电话，定了一大早的飞机匆匆赶去见母亲最后一面。"廖良开还没有走出伤痛，谈起母亲去世的一段经历，还是眼中含泪。据他介绍，自1997年刘继强牺牲后，母亲就得上了糖尿病，身体一年不如一年，虽然在遥远的大西南，他还是跟妻子约定好了一有时间就回吉林看望二老。2017年的春节，廖良开一家3口到了吉林，陪二老过了一个难忘的春节。离开的时候，梁桂茹一边收拾行李，一边抹眼泪，说儿子孙子还没走就开始想念了。"我当时还宽慰她，反正过几个月又要回家看她。没想到这一别就成永诀。"

7月27日，从成都到吉林，3000公里的距离，廖良开辗转10个小时，终于在当天下午4时，跪到梁桂茹的灵前，失声痛哭。在场众人，无不动容。火化的那天，廖良开和其他4名闻讯赶来的战友，一起向烈士的母亲、自己的母亲，敬上了最后一个军礼。

安葬好母亲后，廖良开留下来陪了刘银智10多天。一连几个晚上，都是看着刘爸爸睡了，廖良开才睡，半夜刘爸爸有个动静，他总是第一时间醒来问候。

"爸，放心，我会给您尽孝一辈子！以后，常来！"廖良开拉着刘银智的手说。

回到成都后，廖良开找出20年来和吉林爸妈互通的信件，一遍遍地读，因为每封信都是母亲梁桂茹亲手写的。他整理出跟爸妈刘银智、梁桂茹一起照的照片，一遍遍地看，照片里，母亲笑容依旧。

为了一个承诺坚守20年，在旁人看来难以想象的事，在廖良开身上却如此真实自然。他用自己的坚持证明了当年认亲并不是一时义举。"战友为人民牺牲，我来替他尽孝。说好的一辈子，就是一辈子。"

——资料来源：陈地. 退伍战士廖良开等人登上10月"中国好人榜"［EB/OL］. 中国军网，2017-11-01.

【析案例】

诚实守信是中华传统美德,是立身处世之道,是重金难买的承诺。廖良开主动承担起赡养刘继强父母的义务,认下两位老人为"爹妈",承诺为刘继强尽孝一辈子。20年时光飞逝,当年的感动和义举也逐渐被遗忘,但是廖良开却一直默默地坚持着,完成自己为刘继强尽孝的承诺。20年来,他早已把继强的父母当成了亲生父母,把继强的亲人当成了自己的亲人。廖良开的事迹告诉我们,诚信是个人立身处世的基本价值规范,是社会存续发展的重要价值基石。

【融教学】

诚信是立身之本。以诚待人、以信取人。说老实话、办老实事、做老实人,是大学生成人成才的重要基石。廖良开的案例,可应用于讲解第四章第一节第二目"社会主义核心价值观的基本内容"。引导大学生认识诚实守信的重要性,坚持恪守诺言和约定。诚信要求人们遵守诺言,反对违背诺言的行为。人与人之间只有信守诺言,才能够赢得他人的认可。

此案例还可应用于讲解第五章第三节第四目"锤炼个人品德"。对当代青年来说,青年要把正确的道德认知、自觉的道德养成、积极的道德实践紧密结合起来,不断修身立德。引领学生深刻领悟:个人品德在社会道德建设中具有基础性作用,青年要不断提高道德实践能力尤其是自觉实践能力,向往和追求自觉讲道德、守道德的生活。

【拓思考】

1. 你是如何理解"诚信"社会主义核心价值观的?

2. 结合案例谈谈,作为当代大学生,如何践行诚信?

教学案例七　九龙坡区敬业奉献汤明凤：岗位平凡显担当

【阅案例】

16年默默坚守，只为平安幸福

汤明凤，现任区安监局安监一科科长，自2001年调任区安监局，16年来她一直坚守在被称作最苦、最累的基层安监岗位上，用党员干部的执着与责任默默守护一方平安。这些年，她把安监局职能职责中所包含的非煤矿山和危险化学品监管、执法、应急等工作全部从事过，无怨无悔地在平凡的岗位上做出自己的贡献。先后荣获"全国安监系统先进个人"、全区"优秀公务员"和"优秀党员"等称号。应急处置、执法检查、烟花爆竹、矿山监管……也许你不相信，只要是我区安监局所承担的职能职责工作，身为一名柔弱女性的她全部从事过。16年来，她从办公室主任做起，历任安监科长、执法大队长兼应急指挥中心主任等职务，无怨无悔地坚守在安监一线保一方平安。她就是现任区安监局安监一科科长汤明凤，如今，她监管着安监系统最危险的行业——危险化学品，并一直保持着该行业零事故零伤亡的目标。

初识安监，深感责任在肩

"初识安监，是关于一张照片和一起事故引发的思考。"汤明凤说，她刚到区安监局的第二天，就接到一起事故报告，在事故调查中，看到了一张医院提供的现场照片。惨烈的场景带给她内心无比的震撼，"珍爱生命，安全生产"这句话第一次那么深刻地印入了她的脑海。

区安监局成立最初的几年里，办公条件、设施和人员都严重缺乏，加之全区安全生产形势十分严峻，让所有安监人员深感任务艰巨。而汤明凤就是在这样的情况下承担起了非煤矿山监管这一块"烫手山芋"。

如何有效遏制非煤矿山事故多发、频发的势头，迅速扭转安全生产不利局面？接手后，汤明凤便一头扎向基层，仅用3个月时间，她带队跑遍了全区近200个非煤矿山企业，对基本情况进行逐一摸排。按照市安监局和区委、区政府的统一要求，严格贯彻实施非煤矿山企业整顿关闭工作。期间，她带领专家对企业关闭期间的隐患进行现场评估，指导企业制订关闭方案，并积极协调相关职能部门，主动为企业做好关闭补偿、转型发展、各种证照的注销等后续服务工作，大小事情均亲力亲为，有效减少了非煤矿山领域事故的发生。

汤明凤说，作为一名安监人，肩上的责任关系到千家万户的平安幸福，哪怕再苦再累也值得。

一路走来，用职责守卫平安

正是因为这份责任，从走上安监岗位第一天起，汤明凤每天想得最多的就是安全。矿山开采有没有违规？安全隐患是否排查到位？……回忆起这些年的任职经历，汤明凤说，安监10余年是她人生中最繁忙、最紧张的时期，虽然她已经熬成了单位的"老人"，但同时也见证了全区安全生产工作由被动到主动，由单一监管向多元监管，由突击性监管向长效性监管这一质的飞跃。

据了解，全区现有危化品合法生产经营企业200余家，其中，有生产、储存重点企业12家，加油站67家，经营企业77家，监管任务十分繁重。要想保证全区危化品领域的安全，就必须从一家家的单位日常检查工作做起。特别是天津港"8·12"爆炸事故发生后，国家、全市对危险化学品监管提出了更高的要求。

汤明凤说，越是节假日、恶劣天气，也越是危化安全工作最关键的时刻，她必须坚守一线，因此也几乎没有休过一个完整的节假日。这些年，她已记不清多少次深入企业，全面调查掌握辖区危化品品种、数量、重大危险源等情况，并逐一登记建档。在她的努力下，一份全区危险化学品分布电子图被制作出来并得到广泛应用，同时督促有关企业制定了重大危险源监控措施和应急救援预案。正是因为她的兢兢业业，我区才连续6年保持着危化行业领域零事故零伤亡的目标。

同事眼中，她是最美安监人

有一种品质叫平凡，但不平庸，能够耐得住平凡中的枯燥，一如既往的努力态度就是汤明凤身上所呈现出来的敬业精神。

"无论是日常检查的企业现场，还是'打非治违'前沿阵地，汤明凤同志都能始终铭记自己的职责，在平凡岗位上书写出不平凡的故事。"区安监局副局长燕军说，做好一件事并不难，难就难在十年如一日的坚持，她兢兢业业的工作态度和无私奉献的精神为我们全体安监职工树立了良好的榜样。

"执法必严、违法必究是她对我们说得最多的一句话。"安监一科同事陈东表示，别看汤科长是一名女性，但说到工作细致、认真态度和责任心，我们好多男同事都赶不上她。在她的笔记本上，日、周、月各项工作安排记录并井有条，对于直管的多家企业的基本情况、风险因素和企业管理人员等基本信息几乎都能脱口而出。

正是因为她的履职尽责，深刻感染着身边的每一位同事，也成为我们心中的最美安监人。

真心真情，排隐患助发展

"作为一名安监人，不光要有效防范安全事故，更要真心服务企业发展。"汤明凤是这么说，也是这么做的。每一次安全隐患排查，她都站在切实维护企业合法权利和利益的角度提出合理化建议，赢得了广大企业的一致好评。

2012 年一次强降雨期间，重庆韩拓科技公司生产车间因背山而建，出现山体滑坡严重隐患。接报后，汤明凤第一时间带领工作人员、专家赶赴现场，指导企业排除险情，做好背山面地质检测、边坡治理。在指导督促过程中，汤明凤发现企业方负责人有心加强安全规范管理，但受制于相关专业知识缺乏，于是她重点对该企业进行了持续关注帮扶，就内部原料和成品库房分区、安全间距设置等具体细节指导其逐一落实，从而有效促进了该企业的安全发展。

——资料来源：媛媛. 党员风采｜16 年默默坚守，只为平安幸福［EB/OL］. 九龙坡机关党建微信公众号. 2017-10-12.

【析案例】

职业生活中的道德规范，不仅对各行各业的从业者具有引导和约束作用，而且也是促进社会持续、健康、有序发展的必要条件。汤明凤用责任恪守职业道德，为世人做出了表率，安监局职能职责中所包含的非煤矿山和危险化学品监管、执法、应急等工作她全部从事过，如今，她监管着安监系统最危险的行业——危险化学品，并一直保持着该行业零事故零伤亡的目标。汤明凤的事迹告诉我们，幸福源自奋斗，成功在于奉献，平凡孕育伟大。

【融教学】

大学生正处于人生的"拔节孕穗期"，树立正确的职业道德，对大学生来说十分重要。汤明凤的案例，可应用于讲解第五章第三节第二目"恪守职业道德"，引导学生了解恪守职业道德的重要性，树立正确的择业观和创业观。随着现代社会分工的发展和专业化程度的提高，市场竞争日趋激烈，整个社会对从业人员职业观念、职业态度、职业纪律和职业作风的要求越来越高。

此案例还可应用于讲解第二章第三节第二目"坚持个人理想与社会理想的有机结合"。对当代青年来说,坚持个人奋斗目标与国家、民族的奋斗目标相统一,在为实现社会理想而奋斗的过程中实现个人理想,这是大学生成长成才的必由之路。汤明凤之所以把她监管的危险化学品,保持着该行业零事故零伤亡的目标,就在于她把个人理想与社会理想结合,不断奋斗,最终取得成功。引领学生深刻领悟:"得其大者可以兼其小。"个人只有把个人理想融入国家和民族的事业中才能最终成就一番事业,大学生要在社会理想的指引下,珍惜韶华、奋发有为,勇于追求个人理想,在实现社会理想的过程中努力实现个人理想。

【拓思考】

1. 作为当代大学生,谈谈在以后工作中你该如何遵守和践行职业道德规范。

2. 假如你马上毕业,想一想你该如何择业。

教学案例八　巫山县自强不息宋维程：为了实现律师梦　进城当棒棒儿

【阅案例】

"宋棒棒儿"原名叫宋维程，今年 48 岁，原本是骡坪镇和平村四组的村民。听他讲起自己的命运还真是一波三折。小时候，父亲早逝，母亲在他初三（1985）未毕业的时候去世，从此他就中断学业。后来从 1985 年到 1997 年在小学担任过代课教师，后来因为国家对师资配备齐全，他也就没用武之地了。

花 7 年时间自学，完成法律专科学业

关于"宋棒棒儿"的律师梦，还是源于 2003 年年底，他听一个读高中的邻居说，可以通过法律自考考得律师资格。听到这个消息，宋维程像抓到了救命稻草，认为自己终于找到了冲出农门的路口了。2004 年 1 月底他就找到县教委自考办咨询，当即就报名。

"我那时白天就给村里做小工挣点钱，晚上就看书，因为没钱买资料，全是硬记。那一次报考 3 科，合格了 1 科。"宋维程告诉记者，以后几年都是一边干农活，一边搞自考，13 科法律考试科目整整花了 7 年时间，终于在 2010 年拿到了西南政法大学法律专科毕业证书。

一个农民，何以坚持 7 年自考，宋维程说："走出农村，做个律师是我最大的梦想。"

为了实现律师梦 进城当棒棒儿

因为一心专注于自考，家里收入也入不敷出，房屋破了都没钱修。于 2011 年，宋维程做了个一般人都不敢做的决定，他决定破釜沉舟，来到县城，当起了棒棒军的一员。一门心思搞自学，坚决要拿下司法考试。

"我想到当个棒棒儿比较灵活，可以有时间看书，再说投入也不多，这样挣的钱就可以买复习资料。"宋维程告诉记者，当时他花了 30 元钱买了根扁担、一副绳索，就开始了棒棒儿的生活。

他和其他棒棒儿一样每天早早地出工，匆忙地干完活，只要有空闲，他就坐下来看书，所以他干活的场所几乎都成了他的课堂，好多时候老板看见他这么用功，出于同情会多给他几元钱。

"我搬一袋大米 50 斤以上的 5 角钱，20 斤的 2 角，有时候一天搬几百袋，遇到好的生意可以挣 100 多元，有时候一分钱不挣，就看书。"

每个月他可以挣 1000 多元，拿着这些钱他却舍不得花，心里在盘算着该买哪些复习资料。为了司法考试，几年下来，他买的复习资料装满了几大箱。

花 5 年自学司法，最终无缘考场

因为没有电脑，信息来源有限，复习的知识自然有限，考试内容更新了他也无从知晓，导致 2014 年与梦寐以求的律师资格证擦肩而过，这已是他第 3 次参加全国司法考试了。这次之后，宋维程下定决心要千方百计凑钱多买复习资料，同时报名参加 2000 多元的网上培训课程，每天抽空到网吧听讲 30 分钟。在考试前夕有 8 天集训时间，但是要交 4800 元培训费，这对于宋维程可是个天文数字，但是他已经下定决心再苦再累都要挣到 4800 元，以参加今年 9 月份的司法考试，因为他已经把复习资料都看过好几遍了，这次志在必得。

可是，正当宋维程踌躇满志的时候，命运再次和他开了个玩笑。6 月 23 日，当他去报名考试的时候，被告知专科水平已经不能参加司法考试了，考试有新规定了，他的条件不符合。

"因为我没有电脑，也不知道信息，当时我简直要疯了。"宋维程说，考取律师资格证是他这一生唯一的希望，眼下希望瞬间破灭了，真不知道该怎么办。命运兜了一圈又将他带回到了 15 年前的一天，面对命运的选择。

如今，宋棒棒儿仍然痴心不改

"我虽然无缘司法考场，但是我已经有了专业知识，我还是要努力通过自考拿到本科文凭，做一个真正合格的法律人。"宋维程干完一单活儿，习惯性地从口袋里掏出书看起来，他顾不上擦去脸上的汗水，他说，自己已经向骡坪镇司法所和法律服务所递交了申请，请求批准给自己一个做一名基层法律服务工作者的机会，希望能在这里实习一段时间。

据了解，目前司法所和服务所已经接受了宋维程的申请，材料正在进一步审核中。

7 月的天气，十分炎热。宋维程能接的活儿也变得很少，但是一根扁担，一副绳索，一口袋法律书籍依然是他每天出工的行头。只要有时间，不管在何地，他都依然能旁若无人地看书搞复习，好像这座城市的喧嚣跟他没有关系，因为在他心里，一直存在一个梦想："要做一名最优秀的法律人。"

——资料来源：张旭. 棒棒自学法律 15 年追逐的律师梦正离他远去［EB/OL］. 重庆晨报，2018-07-28.

【析案例】

理想指引方向，信念决定成败。宋维程为了实现律师梦，进城当棒棒儿，15 年前立志自考获得律师资格证，为此，他用 7 年时间将自己的学历由"初中肄业"升为"西南政法大学法律专科毕业"。数年的准备后，他屡入司考考场，只为 15 年来一直坚持的梦想，他一直为了自己的理想信念在坚持着。宋维程的事迹告诉我们，理想信念是人生发展的内在动力，志向高远，便力量无穷。对当代大学生来说，他这种自强不息的奋斗精神值得我们每一个人学习。

【融教学】

一个人有了崇高坚定的理想信念，才会以惊人的毅力和不懈的努力成就事业。宋维程的案例，可应用于讲解第二章第一节第二目"理想信念是精神之钙"。引导大学生认识到崇高的理想信念对人生的重要性。大学生只有树立崇高的理想信念，才能激发起为民族复兴和人民幸福而发愤学习的强烈责任感与使命感，掌握建设祖国、服务人民的本领。

【拓思考】

1. 结合自身实际，谈谈为什么要坚定理想信念。

2. 结合案例材料思考：人应当如何实现自我价值？

后记

　　《"思想道德与法治"教学融入本土资源的思考》是重庆三峡职业学院马克思主义学院教学团队的集体智慧结晶。本书由丁翠娟、姜荣担任主编，熊桂花、孟莎莎任副主编。根据主编提出的编写思路和要点，编写组具体分工如下：第一篇红岩精神融入思考由熊桂花、姜荣执笔，第二篇三峡移民精神融入思考由李相梅、石玉婷执笔，第三篇脱贫攻坚楷模案例融入思考由丁翠娟、孟莎莎执笔，第四篇重庆感动人物融入思考由李明芬执笔，第五篇最美巴渝工匠融入思考由李金华执笔，第六篇重庆好人案例融入思考由马丽、杨梅执笔。在各自完成初稿的基础上，由寇先琼及其他编写组成员统稿，各自分工修改，最后由主编定稿。

　　本书是重庆市职业教育教学改革研究项目：基于"P-BOPPPS-P"模型的高职思政课混合式教学改革与实践——以思想道德与法治课程为例（项目编号：GZ223106）的研究成果之一。在本书编写过程中，编者们参阅了大量本土资源材料，谨向有关著作权人及网站致谢。由于编写时间和编者水平有限，书中难免有不足和疏漏之处，衷心希望广大读者提出宝贵意见。

编　者

2023 年 8 月